家族ではじめる、小さなカフェ

夫婦・親子で開業した18のカフェ

渡部和泉

Izumi Watanabe

旭屋出版

家族ではじめる、小さなカフェ

CONTENTS

「いつか一緒にお店をやりたいね」

そんな夢を語り合ったことはありませんか？

自分の一番の理解者と共に、
一緒にいる時間を大切にしながら好きな仕事をする。

そんな働き方を望む人たちが増えています。


お互いをよく分かっているから、目指す場所を共有できる。

信頼があるから、トラブルも乗り越えられる。

同じものを食べてきたから、メニュー作りもスムーズ。

家族ならではのメリットはたくさんあります。


だけど公私でずっと一緒だと、息がつまらない？

遠慮のいらない関係は、かえってケンカにならない？

収入リスクについてはどう考えている？

本書では、実際に家族でカフェを経営する
18 組の事例をご紹介しています。
どの店も見えないところで多かれ少なかれ悩みを抱え、
自分たちなりの努力と工夫でその波を乗り越えてきました。
だからこそ今、訪れる人をやさしい空気で迎える
すてきなカフェとして人気になっています。

具体的な開業資金や
ケンカをしたときの解決方法まで分かるので、
個人カフェを開きたい人はもちろん、
仕事やパートナーとの関係に悩む方にも
おすすめの内容です。
読み終わった後は
大切な人に素直な気持ちを伝えたくなる、
そんな本になっています。

修業を積んで開業

飲食の道をひた進み、
「独立開業」というふたりの夢を実現。

オーナー 藤川《ふじかわ》 千恵《ちえ》さん 悟《さとる》さん

カフェのプロと和食職人。夫婦で営む町の山小屋

01

HUTTE《ヒュッテ》

店名の「ヒュッテ」とは、ドイツ語で山小屋を意味する。

古いものが並ぶ、ナチュラルでほっとするインテリア。こじんまりとしていながら、各人がリラックスして過ごせるよう配置されたテーブル。丁寧に手作りされたあたたかな食事。

『ヒュッテ』は登山好きな藤川さん夫婦が、町の山小屋的な場所にしたいという想いでつくったカフェだ。

悟さんは大型和食居酒屋、千恵さんはカフェと、職場は異なるが、ともにずっと飲食の仕事でキャリアを重ねてきた。

結婚後中古の一軒家を購入すると、千恵さんは車庫だった場所を改造して自宅でカフェをはじめる。駅からバスで20分、厨房含め5坪という小さな店だが、センスある手料理がおいしいと口コミで広がり、2階も客席に広げるほど人気となった。

そんな折、駅の近くで雑貨店を営む友人に、隣店が退去するからそこにもう1店舗カフェを出さないかと誘われる。

それに反応したのは悟さん。妻がひとりでがんばる姿に触発され、自分も独立したいと考えていたのだ。

悟さんはカフェでの勤務経験がなかったため、最初は夫婦一緒に新店舗で働き、軌道にのったら千恵さんは自宅カフェに戻る予定で開業を決めた。

雑貨店オーナーの友人夫妻に手伝ってもらいながら1ヵ月かけてリノベーションし、無事にオープンを果たす。しかし、夫婦での営業は思ったよりも難航した。

千恵さんが「カフェらしい」メニューやスタイリングを提案しても、悟さんには長年培ってきた料理人としてのこだわりがある。遠慮のいらない間柄ゆえ小さな衝突は多々起きたが、公私共に一緒だとリセットのタイミングがなく、仕事中もお互い気持ちを引きずってしまう。

そんな事が積み重なり、経済的にも精神的

駅前の大通りをまっすぐ歩き、7分ほどの場所。2階建てのテラスハウスの端に位置する。奥に見えるのがアンティークなどを扱う雑貨店『yuge』。テラスハウス前のスペースで、月に一度マルシェイベントを共同開催する。

ku:nel

te-chi

にも辛くなった1年後、千恵さんはいったん店を離れて他所で働くことを決める。悟さんひとりに任せた方が、店にとっても自分たちにとっても良いはずと悩んだ末の行動だった。

けれど17席の店を調理からサービスまでひとりで切り盛りするのは大変な仕事。新しいことにチャレンジする余裕もなく、売上はさらに落ち込んだ。

このままではダメになってしまう。離れてみて分かったこと。ふたりだからできること。ふたたび千恵さんが『ヒュッテ』に戻り、一緒に店を立て直すことを決意する。

「以前は曖昧だった分担を、全体のプロデュースは私、調理は夫とはっきり分けることにしました」。

千恵さんは本やネットで人気カフェを研究し、メニュー構成から見せ方、接客、衛生面など目に見えない部分まで徹底して改善。また、こまめにSNSでメニューを紹介したり、近隣の店と共にマルシェイベントを開催したりと宣伝にも力を入れた。

「順調に客足も売上も伸びてきました。まわりからは店の雰囲気が柔らかくなったと言ってもらえます」と手応えを感じている。

「ひとりでやったこの1年で、自分には足りないことがたくさんあると気付かされました。ちょっとした店内のインテリアやお客さんへのさりげない気遣いなど、妻の感性が店には必要。今はふたりで、ああでもないこうでもないと言い合いながら、考えを形にする過程がおもしろい。ひとりだと会話も生まれませんから。例えケンカがあったとしても、夫婦で一緒にいる時間が幸せです」と悟さんが微笑む。

店を続けていれば、急な坂道もあればなだらかな道もある。それはまるで登山のよう。今はまだ目前のことで精一杯と控えめに話すふたりだが、目指す頂上には、どんな景色が広がっているのだろう。『ヒュッテ』で憩うみんなが、楽しみにしている。

お菓子のほかに、雑貨類も販売。オリジナルエコバッグやウッドトレー、カトラリーなど千恵さんの審美眼で選ばれたものが並ぶ。

1. 家具は横浜市の『fudoki』や隣店『yuge』、骨董市などで集めた。不揃いのイスやランプが、「山小屋」らしさを演出。
2. 仕切り壁にもなっている白い本棚は、千恵さんの手作り。料理本やエッセーのほか、登山関係の本も多い。

1
2

一汁三菜ランチセット1100円。隠し味にバターとベーコンが入った味噌汁や、自家製ふき味噌のせ玄米、ココナッツ味の白玉デザートなど、ちょっとしたサプライズが盛り沢山。男性も満足できる内容になるよう心掛けているそう。

メニューと盛り付けを決めるのは千恵さんで、試作と調理は悟さんというスタイル。おつまみからエスニックまで幅広いが、どれも料理人歴の長い悟さんがつくる本格派。お客の反応を見ながらメニューは随時入れ替える。益子の陶器市や骨董市などで購入した作家の器が、料理をより引き立てる。
人気の一汁三菜ランチは、週替わりの内容。近くのJAなどで購入した地元野菜を中心に、いろんな種類の惣菜を盛り合わせたプレートだ。健康的で見た目も華やか、プチデザートがついているという点が、女性の心をつかむ。毎週楽しみに通う常連客も多い。

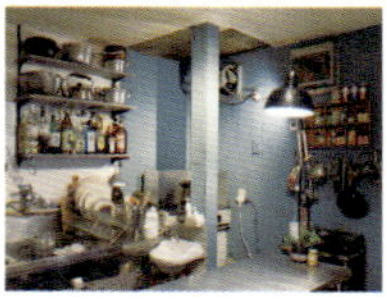

ブルーグレイに塗られたキッチンは、どこか秘密基地のよう。ふたりが動けるよう広め。

和食職人がつくる本格料理を、カフェ仕様のスタイルで

焼き菓子や天然酵母パン、瓶詰め保存食などのお土産も販売。これらは千恵さんがつくる。

スイーツ盛り合わせ600円。季節によって内容は替わる。撮影時はキャラメルバナナケーキ、ガトーショコラ、プリン。

自家製スモークチーズ500円。昔から自宅でよく作っていて、自分たちも大好きなメニュー。お酒のおつまみにもぴったり。

オーガニックコーヒー・ヒュッテブレンド450円。相模原の有機珈琲専門店『生豆屋』から仕入れた豆を、ハンドドリップする。

店での役割分担

千恵さん
メニュー考案、サービス、
デザート、広報、インテリア

悟さん
料理、経理

1日のスケジュール

6:00	起床。買い出しなど
10:00	入店。開店準備
11:30	開店。
18:00	帰宅。買い出し、家事（千恵さん）
22:00	閉店
23:00	帰宅（悟さん）
24:00	就寝

開業までの道のり

2014年5月	新店舗の話をもらう
2014年6月	新店舗の物件契約
2014年7月	リノベーション
2014年8月	オープン
2015年冬	千恵さんが店を離れる
2016年1月	千恵さんが戻る

開業資金

150万円
内訳：物件取得・移転改装費

自宅カフェで使用していた什器や備品類を持ち込んだため、資金を抑えられた。
以前の自宅カフェ開業時の資金は100万円。

店舗レイアウト

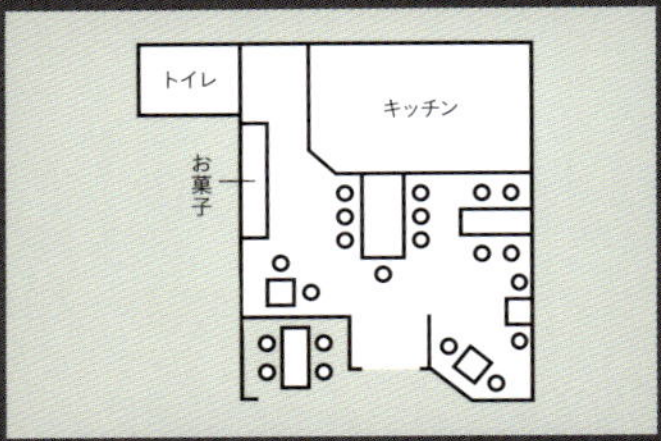

12坪・店内**17**席　テラス**4**席
設計・施工：隣の雑貨店『yuge』オーナー夫妻とともにセルフリノベーション

HUTTE
住所：東京都町田市玉川学園1-4-33-103
玉川学園前駅から徒歩7分
電話：090-7236-5953
営業：火〜土曜11:30—22:00
（16:00〜18:00は準備中の場合もあり）、
日曜11:30—16:00
定休日：月曜 その他臨時休業あり
http://huttee.exblog.jp

オーナー 齋藤《さいとう》 淳《じゅん》さん 恵美《えみ》さん

若きバリスタ夫婦が営む、カフェカルチャー発信基地

02

4/4 SEASONS COFFEE《オール シーズンズ コーヒー》

新宿御苑すぐそばの1階角地、15坪のコーヒースタンド。自家焙煎のシングルオリジンコーヒーが評判で、開業1年にしてお客が途切れない人気店となっている。

店主はともに27歳の齋藤夫妻。若くして好立地に店をもてたことを「タイミングがよかったから」と謙遜するが、もちろんそれだけではない。

昔からコーヒーが好きで、学生時代はカフェでアルバイトをしていた淳さん。卒業後は地方で会社勤めをしつつ、休日は都内のカフェで読書、という生活を送っていた。

そんな淳さんの運命を変えたのは、エスプレッソバー『ポール・バセット』で出会った1杯。これまで飲んできた苦いコーヒーとは、色も風味も全てが違う。あまりの感動にここで働かせてほしいとその場で直談判し、転職。しかし配属されたのは、カフェに隣接するチョコレート専門店だった。

それでもくさることなく、仕事が終わると隣のカフェでカッピングに参加し猛勉強、1年後にはセンスが買われコーヒーの焙煎担当に大抜擢される。

長年勤めても中々携われないポジションゆえプレッシャーは大きく、自らを追い込んだ。ストレスによる偏頭痛と吐き気に苦しみながら早朝出勤し、栄養ドリンクを飲み仕事、その後終電まで自主練習する毎日。

もはや以前のようにコーヒーに対して楽しさや喜びを感じる余裕はなく、半年で10kg痩せるほど疲弊してしまう。

そんな中、息抜きをしようと訪れたお気に入りのカフェで偶然バリスタ募集の知らせを見つける。何かの運命を感じ再び転職。店に立ちコーヒーを丁寧に淹れることで、情熱を取り戻せた。

一方、淳さんの影響でコーヒーに興味を持つようになった恵美さんも、販売の仕事からコーヒー業界に転身する。そして淳さんが新しいカフェで働き出した1年後、ふたりは入籍。知人の紹介で知り合った経営者から「出資するから店を出さないか」という誘いを受

カウンターの中央に置かれる、シネッソのエスプレッソマシン。

朝晩は通勤途中の会社員、昼は学生や買い物客、夕方はコーヒー関係の同業者と時間帯によって客層は変わる。

恵美さんがインスタグラムでチェックしていたメルボルンのコーヒーショップを参考に、「何もないすっきりとした空間」を目指してつくりあげた。周囲のチェーン店と差別化するため、ゆったりした席数に。ベビーカーでも入れる。

自家焙煎豆は100g 800円、200g 1500円で販売。それぞれの豆の色や形、風味を確認できる。無料開催のパブリックカッピングは、店の方向性を知ってもらう場であるとともに、お客に自分の好みを知ってもらいたいという想いもあり開催している。

けたのは、その直後のこと。

　まだ生活も安定していないしと悩んだものの、このチャンスを逃したら次はないと決断。夫婦として、共同経営者として、ふたりは慌ただしいスタートを切った。

　約1ヵ月半の準備期間で店をオープンさせ、当初は友人の来店も多く賑わったが、次第に客足は減少、思うように集客ができないことに苛立ちケンカも多かったそう。

「夫婦でやっている馴れ合いの店にはしたくなかった。プロとしてコーヒーの理論を突き詰め、技術を磨き、店のクオリティーをあげるしか道はない。ふたりとも必死でした」。

　転機は半年後、桜の季節。新宿御苑でのお花見帰りに立ち寄る人が増え、フルーティーなコーヒーと親しみやすいサービスの店として一気に常連客がついた。

　パブリックカッピングの無料開催など、情報や知識を惜しまず公開する淳さんの元には、コーヒーに興味を持つ若者が集まり、カウンター越しに質問攻めにされることも。

「サードウェーブはファッション的に捉えられている節もありますが、カルチャーとして根づかせたい。そのために僕らの後進を育てる責任があるし、生豆生産者の支援もしていきたい」と熱く語る。

　その横で恵美さんは「彼は人生をコーヒーに捧げる、職人気質な人。店を持ちますます成長している姿を見ると、追いつかなくちゃと奮いたたされます」と微笑む。

　結婚以来ずっと一緒にいるが、新居でくつろぐことは今のところほとんどない。

「週1日の休日？　ゆっくり寝てからカフェへ行き、自分たちの目指すコーヒーについて語り合うのが一番のリフレッシュ。結局仕事から離れられないのですが、おいしいコーヒーは楽しいし、生活を豊かにしてくれる。だから続けていけるんですよね」。

　センスと努力とコーヒーへの大きな愛。それが今の立場を引き寄せた。若きバリスタ夫妻は今日も情熱をたっぷり込めて、フレッシュな1杯を淹れている。

1 | 2 | 3

1. 内装を手掛けたのは淳さんの父親が経営する工務店。
2. 恵比寿の家具店『パシフィックファニチャーサービス』で購入した、アメリカの業務用ランドリーカート。
3. 店頭にあるスケートボード型テーブル。淳さんが雑貨店でひと目ぼれして購入したもの。

カフェラテ460円。
2杯目以降は100円
引きになる。

自家焙煎の シングルオリジン コーヒー

コーヒー豆は農作物と捉え、産地別の特徴を知ってほしいと、シングルオリジンにこだわる。定期的に豆の種類は入れ替えつつ、常時4種類前後が揃う。ローストは、豆本来の個性を最大限味わえるよう浅煎りが基本。「できればミルクや砂糖は加えずに、フルーティーなおいしさをストレートに味わってもらいたい」と淳さん。豆の個性も「巨峰のような甘さ。ミントを連想させる綺麗なフィニッシュ」と独自の言葉で表現し、「伝え方」も研究している。

お菓子は恵美さんの担当。焼き菓子やフルーツプリンなど、季節によって内容を変える。

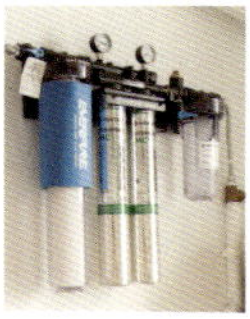

1 | 2

1. ハリオV60でハンドドリップ。
2.『エバーピュア』の浄水器を使用。

アフォガート500円。バニラアイスにかけるエスプレッソは日替わり。

ピザトースト500円。浅草『ペリカン』の食パンに、自家製トマトソースなどをのせる。『バルミューダ』のトースターを使用。

ドリップコーヒー480円～。すぐ出せるテイクアウト専用コーヒーは350円。毎朝、出勤前に通うビジネスマンも多い。

店での役割分担

淳さん
店舗企画・経営、焙煎、サービス

恵美さん
料理・デザート、メニュー開発、
サービス

1日のスケジュール

6:30	起床（淳さん）
7:30	入店。開店準備（淳さん）
8:00	開店。起床、家事（恵美さん）
10:00	入店（恵美さん）
20:00	閉店。帰宅、家事（恵美さん）
21:30	帰宅（淳さん）
0:00	就寝

開業までの道のり

2015年5月	開業を決める
2015年7月	物件を見つける、契約
2015年8月	施工開始
2015年10月	オープン

開業資金

1225万円
内訳：内外装費485万円、厨房設備費365万円、物件取得費240万円、什器・雑費135万円

店舗レイアウト

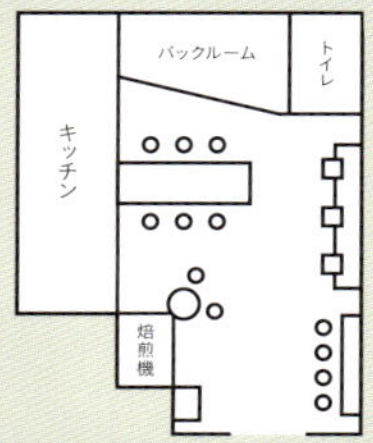

15坪・**18**席
設計施工：有限会社鳶勝

4/4 SEASONS COFFEE
住所：東京都新宿区新宿2-7-7寿ビル1階
新宿三丁目駅から徒歩5分
電話：03-5341-4273
営業：月ー金曜　8:00ー20:00
土・日曜・祝日　10:00ー19:00
定休日：火曜
http://allseasonscoffee.jp

オーナー　冬木《ふゆき》　麻依子《まいこ》さん　透《とおる》さん

世代を問わずに愛される、クラシカルなホットケーキ専門店

03

ホットケーキ　つるばみ舎《つるばみしゃ》

ふっくらまぁるくて、太陽のようにかがやくホットケーキ。カリッと焼かれた表面にフォークを入れると、きめ細かな生地からの弾力が伝わってくる。バターとシロップをたっぷりかけて口に入れれば、誰もが笑顔になるはずだ。

銅板の前で真剣にホットケーキを焼くのは、老舗フルーツパーラー『万惣《まんそう》』に勤務していた冬木さん。ここのホットケーキといえば、作家の池波正太郎氏が愛した味としても有名で、全国に知られる名物。

ビルの建替に伴い惜しまれつつ休業した『万惣』のクラシカルなスタイルを受け継ぎ、アレンジを加えたレシピで妻の麻依子さんとともに開いたのが、『つるばみ舎』だ。

「本当は小さな食堂をやるつもりでした。だけど休業が決まった時に多くの方が涙ながらにホットケーキへの思い入れや愛情を語ってくれて…。この伝統をなくしちゃいけないと、気付いたら方向転換していたんです」。

店があるのは、駅から徒歩2分の1階路面店。人通りは多いけれど、マンション下のテナントで落ち着いた雰囲気という好条件の立地だ。

自宅から半径5㎞以内の場所と限定し、情報誌やインターネットに頼らず、ひたすら自転車を走らせ空き物件を探した。

「ここもまだ公になる前の物件だったんです。予算オーバーでしたが、早く開業したい焦りもあって、勢いで決めました。その分開業資金は抑えようとできる限り自分たちで作業したのですが、時間がなくて大変でした。連日遅くまで作業していたら、心配した友人が会社帰りに手伝ってくれて、ありがたかったですね」。

店造りに専念していたためオープンの告知ができず、のんびりしたスタートとなった。手が空くとポスティングや駅前でのビラ配りをしていたが、半年後に状況は一変する。

沿線の商店を盛りあげようという小田急グループの一大キャンペーンで、同店のホットケーキがポスターとなり、駅に貼られたのだ。

元は美容院だった物件。駅に向かう人が始終行き交う立地だが、道路との間にテラス部分があるため店内は落ち着いた雰囲気。

店名のつるばみは、ドングリを表す古い言葉。それゆえドングリ関連の雑貨類をプレゼントされることが多く、店内のあちらこちらに飾られる。

子連れ客も多いため、絵本も用意。かわいらしい表紙の絵本は、インテリアとしても和む。店内では森の音など耳にやさしいBGMが流れる。

お客との距離が近い、オープンキッチン。「ホットケーキは温かさが命だから、焼いたらすぐ食べてもらいたい」と、店内の設計は自分たちで考えた。

シンボルツリーのように店頭でお客を迎える、ホットケーキタワー。

折しも世間のホットケーキブームと重なり、すぐに人が押し寄せ満席の日々が続いた。最近ようやくその波は落ち着いてきたが、それでも週末になると遠方からわざわざ訪れる人も多い。

「ホットケーキは昔から愛されてきた、家族団らんの象徴。誰もが小さな頃の思い出として何かしらのエピソードを持っている。だからブームが定着したのも、自然なことかもしれませんね」と笑う。

「最初、麻依子には忙しい時だけ手伝ってもらうはずだったけれど、お客さんはもちろんアルバイトスタッフに対しても心くばりが上手で、今はいないと店が成り立たない。一緒に働くようになって、その長所に気付きました」と言う透さんに対し、「マスターは仕事になると細かくて責任感が強い。よいものをつくってよい状態で食べてもらうことに集中したい人なので、それをサポートするのが私の役割ですね」とこたえる麻依子さん。

時にはケンカもあるそうだが、そういう意見のぶつけ合いが店をよくする、と前向きに捉える。家に帰り、夫婦ふたりお酒を傾けながら食べるごはんが、何よりの楽しみだそう。

カウンターから身を乗り出して銅板の上で生地が膨らむ様子を見つめる人や、口いっぱいに頬張りながら「うれしいね」と笑う子供、三世代で賑やかに訪れる家族。つるばみ舎では昭和の時代を思わせるこんな光景が、毎日のように見られる。

「以前は『万惣』のスタイルを受け継ぐなんて責任が重すぎたんじゃないか、という葛藤があったんです。だけどこうして自分が焼くホットケーキで喜んでくれる人を見ると、やっていてよかったなと自然に思えるようになりました。これからも僕はずっと焼き続けて、その横で麻依子はあーだこーだやっていて。そしていつの日か、誰かの想い出に残る店になれたらいいですよね」。

少し照れたように笑うふたりの顔は、ホットケーキのようにほわっと温かくて、なんとも幸せそうなのだった。

カウンターに並ぶ、池波正太郎氏の文庫本。透さんは氏の大ファンだったことから、『万惣』に入社した。

植樹の講演会がきっかけで知り合ったという冬木さん夫婦。木は本物にこだわりたいと、テーブルの天板は材木店から直接「ケンポナシ」の木板を購入し、自分たちで脚をつけて仕上げた。奥のベンチは、岐阜に住む元大工の知人が作ってくれたもの。座面下は収納ボックスになっている。

鉄板で6、7分かけてじっくり焼く。銅板の温度と生地の状態を調整し、「焼き時」を見極めるのが職人技。「私が焼いても、まだ同じ味にならないんです」と麻依子さん。

麻依子さんが描いたキュートなオリジナル手拭いを販売中。

銅板で1枚ずつ焼く、昔懐かしいタイプのホットケーキ。茨城の奥久慈卵や、岩手の低温殺菌牛乳など素材にもこだわり、子供からお年寄りまで安心して食べられるおやつだ。
1枚からオーダーでき、トッピングも各種用意されているので、ウインナーやマッシュポテトをのせてランチにしたり、つぶあんをのせておやつにしたりと、TPOに合わせて選ぶことができる。
「銅板を磨いて熱を入れると、金から銀へ、そして銅色に変化していく。その中で焼かれる丸いホットケーキを見ていると、太陽のようなお菓子だなと思います」と語る。

ホットケーキは1枚310円、2枚570円、3枚830円、4枚以上は1枚260円となる。これまでの最高記録は10枚重ね！ バターと自家製メープル風味シロップをたっぷりかけていただく。

ホットケーキでランチからデザートまで。

フルーツサンド620円。5、6種類の旬の果物をサンド。全ての果物の色が映えるように配置するのも重要で、作るのも楽しいメニューだそう。テイクアウト出来るので、お土産としても人気。

フルーツミニパンケーキ620円。発酵バターミルクが入った、ふんわりしたひとくちサイズのパンケーキ。同店では「ホットケーキのレシピにアレンジを加えたものがパンケーキ」という区分けをしている。

コーヒー420円。オリジナルカップは、合羽橋でオーダーしたもの。かわいらしく、ちょっぴりユーモラスなイラストは美大出身の麻依子さんが手掛ける。

店での役割分担

透さん
料理

麻依子さん
サービス、ドリンク

1日のスケジュール

7:00	起床
8:00	入店。仕込み
11:00	開店
20:00	閉店。片づけ
20:30	帰宅。夕食準備（麻依子さん）
21:00	夕食。家事
23:00	就寝（透さん）
24:00	就寝（麻依子さん）

事務作業、経理などはふたりで行う。アルバイトスタッフが、平日1名、休日2名体制で入る。

開業までの道のり

2015年7月	物件を見つける
2015年8月	物件契約
2015年9月	施工開始
2015年10月	オープン

開業資金

900万円

内訳：内外装費300万円、厨房設備費250万円、備品150万円、運転資金200万円

資金は自己資金40%、世田谷区創業支援融資60%でまかなった。

店舗レイアウト

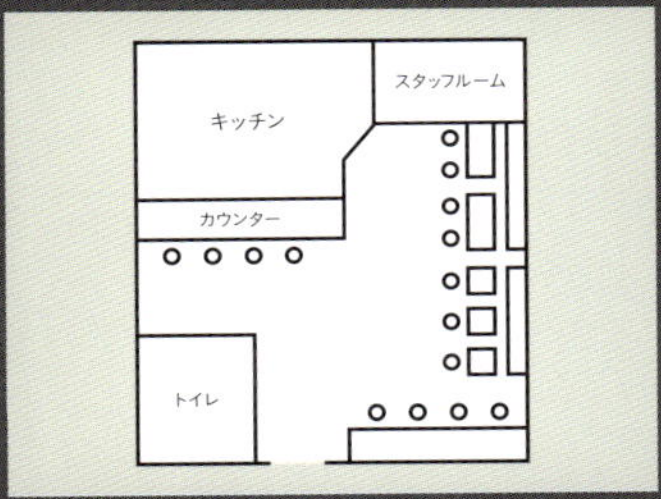

16坪・**22**席

施工：沖工務店（基礎工事のみ）

設計や塗装など、できる限り自分たちで行った。

つるばみ舎

住所：東京都世田谷区宮坂3-9-4
アルカディア経堂1階東側
経堂駅から徒歩2分
電話：03-6413-1487
営業：平日11:00―20:00
土・日曜・祝日9:00―10:30（モーニング）、11:00～18:00
定休日：水曜
http://tsurubamisha.hatenablog.com/

オーナー　中村大史《なかむらひろふみ》さん　詩織《しおり》さん

音楽家と料理人夫婦のセッションを楽しむ店

04

食堂・音楽室　アルマカン《アルマカン》

足踏みオルガンにマンドリン、アコーディオンなど客席にはさまざまな楽器が並び、店の奥からはスパイスの香りと調理器具が触れあう陽気な音がもれてくる。ここはプロのミュージシャンである中村大史さんと、長年飲食店の厨房で腕をふるってきた詩織さんが開いた、ちいさなカフェ。

既に常連客が多くつき、この場所にすっかり馴染んでいるが、実は1年前までふたりでカフェを持つだなんて、想像すらしていなかった。

結婚前提の交際がはじまってから数ヶ月後に店舗譲渡の話しが舞い込み、新居への引越、カフェオープン、入籍と、人生を左右する変化が一気に訪れたのだ。

「流された訳ではないけれど、状況を柔軟に受け入れたらこうなりました」と楽しげに語る。

母親が音楽教師だった影響もあり、幼少時から楽器に触れる機会が多かった大史さん。多種の楽器を奏でるマルチプレイヤーとして、ライブを中心に音楽一色の生活を送っていた。

「カフェやギャラリーで演奏する機会が多いのですが、どのオーナーも生活と仕事のバランスを上手にとっていて、人柄も魅力的。自分にも友人が集える場所があればという憧れはあったものの、ツアーもあり一箇所に留まれないので、老後の夢と思っていました」。

そんな折、知り合いのカフェオーナーから店を受け継がないかと提案を受ける。場を持ちたかった大史さんと、調理師学校を出た後カフェで働いてきて、さらに自分の可能性を広げたいと思っていた詩織さん。結論はすぐに出た。

引き継ぐ店は、カラフルでポップな内装。ＤＩＹの経験はなかったが、もの創りが好きな性格もあり、自分たちのイメージに合うようセルフリノベーションを試みた。

「最初の3週間、彼が海外へツアーに出ていた時が一番大変でしたね。前オーナーが残した備品類を選別しながら、寒い中ひとりで清

ガラス張りで日差しがたっぷり差し込む。アルミサッシの窓枠は、アイアン塗料を塗ることでシャビーシックな雰囲気に。

店先に並ぶ多肉植物は、友人が寄せ植えてくれたもの。

レジの後に飾られるコートとバックは、詩織さんが通勤時に着ている私服。店の雰囲気に溶けこみ、インテリアの一部として成立している。夏は麦わら帽子とストールになるとか。

定番メニューはバインダーにはさみ、週替わりのアルマカンプレートは黒板に記載。

中央に置かれる古いオルガンとチャーチチェアが印象的。クッションフロアだった床は、ホームセンターで購入した安価なベニヤ板を敷いてから、杉板を打ちつけた。

掃作業にあけくれました。でも彼は帰国後にすごく頑張ってくれて、一層の信頼が生まれました」と詩織さんが言えば、「店造りがはじめての共同作業でしたが、短期間にお互いのこだわりや好みを深く理解できたのがよかった。料理人としての彼女しか知らなかったけれど、アイデア豊富で頼もしい面も知りました」と大史さんが返す。

インターネットで調べながら、床に木材を貼ったり、壁塗りをしたりと手探りで作業を続け、2ヶ月半後に完成。シックで落ち着いた空間に生まれ変わった。

店は詩織さんが「食堂長」として調理と接客を行い、大史さんは「音楽室長」としてセレクトCD売場の管理や音楽イベントの企画などを担当する。大史さんはこれまで同様に音楽活動を続けるため、店に行けない日もあるが、ファンや知り合いのミュージシャンが来店することも多く、ふたりの店として機能している。

「現在の来客数は目標よりもすこし少なく、平日15人、週末25人位。単純にイベントを増やせば来客数も売上もあがるでしょうが、僕らがオーバーヒートしないよう、温度感を大切にしながら続けていくのが目標です」。

ふたりの店も、生活も、まだはじまったばかり。これからどうなるのかは分からないけれど、柔軟な感覚をもつ彼らのこと。きっと希望に満ちたメロディーを奏で続けるに違いない。

大史さんの担当するCDのセレクトショップ。自身が参加しているアルバムの他、仲間のミュージシャンや店の雰囲気に合うアルバムなど、『アルマカン』ならではの品揃えだ。椅子とヘッドホンも用意されており、音楽を視聴しながら料理を待つ人も多い。

壁に飾られる、ギターやブズーキ。遊びに来た友人のミュージシャンが、手に取ってつまびくこともあるそう。

アルマカンプレート880円。撮影時はチキンのほうれん草カレー、レンズ豆とポテトのホットサラダ、キャロットラペ、リーフサラダ、たかきびごはん。プラス200円でスープをつけられる。食材は近くのJAなどで購入する。

スパイスを効かせた無国籍料理

外国旅行が大好きで、各地でスパイス料理を味わってきた詩織さんが作るのは、カジュアルな無国籍料理。季節の野菜がたっぷりで、ヘルシーだけど、男性も満足するボリューム感が人気だ。

定番ドリンクとアルコール類の他、ザクロココアやパッションラッシーといったユニークなドリンクも揃う。

メインのアルマカンプレートは週替わりの内容。シャキシャキとほくほく、酸っぱいと辛いなど食感や味の違うものを盛り合わせ、1皿にメリハリが効いている。また、作りおきできるおかずを1、2品取りいれることで、満席になってもひとりでスムーズに対応することができる。


カレーや炒め物に使っている、自家製スパイスオイル。店頭販売している。

スパイスチキンカレー850円。ヨーグルトベースの手羽元チキンカレー。中辛口だが、辛さの調整は可能。目玉焼きや焼き野菜のトッピングも用意（料金別途）。

栗と胡桃のヌガーグラッセ450円。季節によってテイストは変わる。見た目も美しい、メレンゲと生クリームでつくる、ふんわりとした冷菓。

ミントカフェオレ580円。『モナン』のミントシロップを加えた、ほんのり甘いカフェオレ。珈琲は『ろばや』のオーガニック・フェアトレード豆を使用。

店での役割分担

詩織さん
料理、サービス

大史さん
セレクトCD販売、イベント企画、
ウェブ管理

1日のスケジュール

8:00	起床
10:00	入店。仕込み、掃除など開店準備
11:30	開店
21:00	閉店
22:00	帰宅
24:00	就寝

上記は詩織さんのスケジュール。大史さんの音楽の仕事は時間が不規則で、合間をみて店のことを行う。

開業までの道のり

2014年12月末	店舗譲渡の提案を受ける
2015年2月	物件契約､施工開始
2015年4月中旬	プレオープン（ランチ営業のみ）
2015年5月	オープン

開業資金

230万円

居抜き物件取得費165万円、内装・什器・工作費40万円、キッチン道具類10万円、その他15万円

店舗レイアウト

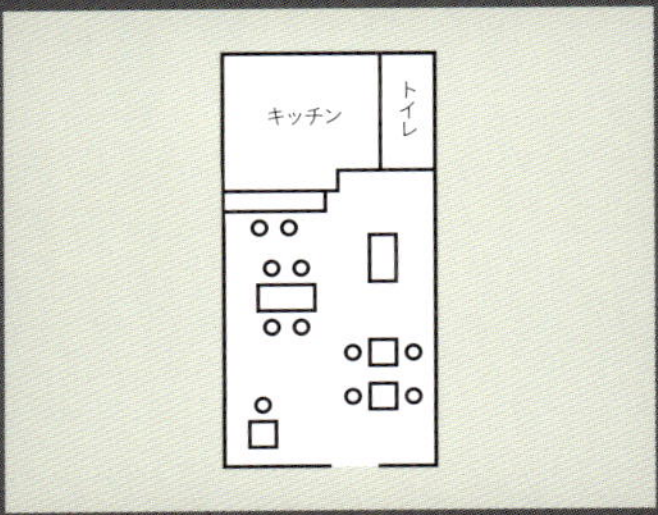

8坪・**17**席

設計施工：居抜き物件をセルフリノベーション

電動ノコギリを活用して、床はクッションフロアーの上から木材を貼ったり、棚を造作したりした。

食堂・音楽室 アルマカン

住所：武蔵野市吉祥寺南町2-21-8
　　　吉祥寺から徒歩5分
電話：0422-29-9222
営業：月・火・金・土曜11:30—21:00、
　　　水・日曜11:30—17:00
定休日：木曜・不定休
http://arumakan.info

オーナー　石川《いしかわ》　郁子《いくこ》さん　大輔《だいすけ》さん

焼きたて自家製パイがメイン。季節を大切にするお菓子屋さん

05

BORTON《ボートン》

看板が見えるずいぶん手前から、芳ばしいバターの香りがただよってくる。この店の一番人気は、毎朝1時間かけて焼きあげる自家製パイ。濃いきつね色をしたパイは、ザクッとかぶりつくと何層にも重なった生地が口の中でハラハラと繊細にほどけていく。

「初めてパイを手作りしたとき、なんておいしいんだろうと感動しました。繊細で扱いづらく手間がかかりますが、難しいからこそおもしろいしずっと作り続けたい。そんな気持ちもあって、パイをメインにしたんです」。そう語るのは店主の石川大輔さん。

妻の郁子さんも「今まで食べてきたパイとは食感も味も全く違って、これならいけると確信しました」と太鼓判をおす。

石川さん夫婦が出会ったのはイギリス。郁子さんは大学で洋服のパターンを学ぶため、大輔さんは英語を習得するためにそれぞれ渡英していた。世界中の食材が集まるロンドンで暮らすうち自然と食に興味がわき、大輔さんは現地の日本料理店に就職する。休日にはふたりで隣国フランスのパティスリーを巡ったり、お菓子やパンのレッスンを受けたりと、どんどんはまっていった。

「ビザが切れたら日本に戻り、一緒に菓子店を開こう」。

そう話し合い、帰国後大輔さんは大手ケーキ店に入社し、基本的な製法から機械の扱い方、大量生産の方法まで幅広い技術を習得。2年間の修業後、いよいよ物件探しをはじめる。

高い建物がない落ち着いた街並みや個人店の多いところが気に入り、東京の郊外、国立市を選んだ。ふたりが好きなイギリスの田舎にも、どこか雰囲気が似ていた。

契約したのは、長いこと空き室だったテラスハウスの1階。古い建物だったが、相場よりも安い家賃が決め手となった。節約のためできるだけ自分たちでも作業したいと、大枠は近所にアトリエを構える造形作家に依頼し、残りの大工仕事は大輔さんが、カーテンなどの布仕事は郁子さんが、それぞれ得意なことを生かして完成させた。

具材に使用するかぼちゃやりんご、栗など。加工品を使うのではなく、いちから自分たちで仕込む。

広々とした開放感のあるキッチン。ガラス張りで外から見えるので、常に整然としていて清潔。

1. 近所の付き合いがある個人店のショップカード。内装を依頼した造形作家が紹介してくれ、縁がつながった。
2. アルミサッシの窓枠に内側から木片を貼り付け、白いチョークでメッセージを書いている。おしゃれなアイデア。
3. 店内に飾られるアンティークの品々は、在英時代に集めたもの。近い将来、店内で蚤の市を開催する予定。

1 | 2 | 3

入ってすぐに陳列カウンター、その後にガラス張りのキッチンという配置。写真右のどっしりしたアンティーク風のカウンターは、家具の修理を学んだことがある大輔さんの作品。カラーボックスをベニヤ板で覆ったもので、制作費用は5千円未満だとか。

「造形作家の方にはアドバイスを受けたり、道具を貸りたりとお世話になりました。おかげでお客さんからこんな家に住みたいと言ってもらうことも多いんです」と満足げだ。

開店直前まで店造りに集中していたため宣伝はできなかったものの、すぐに常連客はついた。

「個人の菓子店が多い、土地柄のおかげ。ご近所の方は日常のおやつとして気軽に買ってくれるし、遠方から来るスイーツ好きな方は他の店とあわせて立ち寄ってくれる。この場所で正解でした」。

焼き菓子の売り上げが落ちやすい夏になると、イートインの冷菓メニューをスタート。アイスクリームやゼリーを重ねたグラスデザートはフォトジェニックで、SNSで拡散され新規のお客がずいぶん増えた。

距離が近い分、家族だとつい甘えが出てしまいがち。そうならず仕事に責任を持てるよう、大輔さんが製造、郁子さんがサービスと、しっかり線引きをしている。

「アイデアの提案は積極的にしますが、信頼し任せているので、妻の領域には口を出しません」。

「夫はプライベートではゆるいけれど、仕事になると真面目で頑固。職人気質ですね。お互いに甘えず、楽しく向上できたらと思っています」。

イギリスで産まれた息子はわんぱく盛りの6歳になった。店が終わると保育園まで自転車を走らせ、今度は育児に奮闘する。

「いつも時間に追われているけれど、息子との時間が一番の癒やし。店が落ち着いたら、もっと遊ぶ時間を増やしたい。そのためにも仕事を頑張らなくては」と父親の顔でつぶやく大輔さん。

「自宅で私たちが仕事の話をすると嫌がるんですが、園では店のことを宣伝しているみたいで、父兄が買いに来てくれるんですよ」という郁子さんの言葉からは、幼いながらも両親の仕事を誇りにしていることが伝わる。

オープンしてまだ数ヵ月。いろんなことがありすぎて1年以上はやっている気分だと笑うが、日々のおやつを買いに来る常連客もきっと同じ気持ち。毎朝ただよう芳ばしい香りは、この街に1日のスタートを知らせる幸せな合図となっている。

1 | 2

1. トイレと手洗い場への通路。垂れ下がるカーテンと天井の影が美しい。カーテンは郁子さんの手作り。
2. 壁は白色のペンキで塗装後、ニュアンスをつけるためオフホワイトのペンキを重ねた。適度なムラが、温かみを演出する。

パイはガラスケースに陳列。パイ生地には、九州産・北海道産・フランス産と3種類の小麦粉をオリジナルでブレンド。何層にも膨らんだ生地に、力強さを感じる。

季節のフィリングを包み込んだ、自家製パイ

粉とバターの旨みを存分にあじわってほしいと、素材から焼き方まですべてにこだわる。湿度の高い季節でも耐えうるよう1時間かけてしっかりと焼き切るため、パイの層は中心部までしっかりと立ち上がり、空気を含み軽やかだ。この食感が大事だからと、賞味期限は当日中。

フィリングは栗やかぼちゃ、紅玉といった定番から、パイン＆パッションフルーツまで、季節に応じたラインナップ。子供と一緒に自分たちで収穫したかぼすやブルーベリーを使用することもある。

テイクアウトがメインだが、イートイン限定のグラスデザートも人気となっている。今後落ち着いたら、ランチメニューも提供する予定。

コーヒー450円。大分の『豆岳珈琲』から仕入れる豆で淹れる。ほかに自家製のフルーツシロップや子供用ジュースなどがある。

コーヒーゼリーとナッツペーストのアイス680円。写真に撮るお客が多いので、見た目の華やかさも意識している。

パウンドケーキやクッキー、メレンゲなど、見た目もキュートな焼き菓子。ギフトボックスの用意もあり、贈り物としても人気。

店での役割分担

大輔さん
菓子製造

郁子さん
サービス、事務作業

1日のスケジュール

5:00	起床（大輔さん）
6:00	入店。仕込み（大輔さん）
6:30	起床。家事、事務作業（郁子さん）
9:30	入店。開店準備（郁子さん）
11:00	開店
18:00	閉店。片づけ、仕込み（大輔さん）
18:30	子供のお迎え後に帰宅、家事・育児（郁子さん）
19:30	帰宅（大輔さん）
22:00	就寝（大輔さん）
23:00	就寝（郁子さん）

開業までの道のり

2010年	開業を考える
2013年	イギリスから帰国
2015年12月	物件契約
2016年1月	施工開始
2016年6月	オープン

開業資金

550万円
内訳：内外装費200万円、厨房設備費250万円、備品100万円

店舗レイアウト

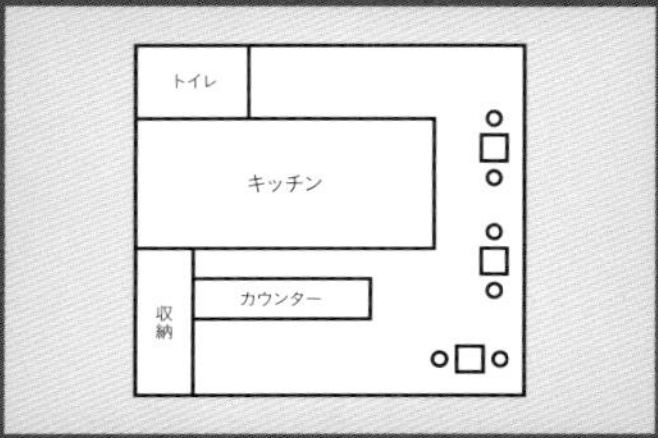

14坪・**6**席
設計施工：造形作家 関田孝将氏

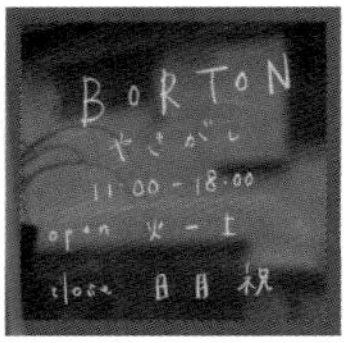

BORTON
住所：東京都国立市西2-9-74 富士見ハイツB1F
　　　国立駅から徒歩7分
電話：非公開
営業：11:00—18:00
定休日：日・月曜・祝日
http://kashiyaborton.blogspot.jp

オーナー 門野《かどの》志考《しこう》さん いずみさん

インテリアからサービスまで全てに「用の美」を感じる、大人の和カフェ

06

いずん堂《いずんどう》

閑静な住宅街の中ではためく、紺色の渋い暖簾《のれん》が『いずん堂』の目印。付近には大学や高校も多いが、老舗の骨董店のような外観は、学生にとって少し敷居が高そうだ。

　ガラガラと引き戸を開ければ、風合いのある和紙の壁紙に粋な小上がり席、選び抜かれた家具に器と、細部にまで店主の美意識を感じる。

「『用の美』という考え方をベースに、有名無名問わず自分たちが好いと思うものを集めています」と語るのは、オーナーの門野志考さん、いずみさん夫妻。

「用の美」とは民芸運動の思想であり、日用品の中に宿る美しさを指す。大学で生活造形を学んだいずみさんがずっと大切にしてきた言葉だ。

　モノだけでなく、同店のメニューやサービスにもそれは表われている。手作りのマヨネーズ、炭火で焼くサンドイッチ用のパン、洗面台に並ぶ紙タオル代わりの小さな手拭い。ふたりにとっては普通のことという、あちらこちらのひと手間、ふた手間が積み重なり、同店ならではの居心地がつくられる。

　ふたりが出会ったのは20年近く前のこと。デートでカフェを巡っては、いつか店をもてたらと語りあった。志考さんはレストランから学食までさまざまなタイプの飲食店で経験を積み、一方のいずみさんは母校に就職し、仕事を通じて美意識を学ぶ。

　結婚後は新居をカフェに見立てて友人を招くなど、楽しみながら夢を育む。それが大きく前進したのは、店をレンタルして2日間カフェイベントを開催したことがきっかけだ。

「予想以上にお客さんが来てパニックになってしまい、反省点ばかりでした。だけどそれ以上に準備から片付けまで全部が楽しくて、すぐに店をはじめようと決めました」。

　飲食店の居抜きだった現在の物件を見つけると、友人の一級建築士や手漉き紙専門店に相談しながら、和紙を多用した空間を3ヵ月かけてセルフリノベーションした。

店名は、いずみさんの学生時代のニックネームが由来。武蔵野美術大学が近くにあり、卒業生の作品を飾ることもある。

駅からは玉川上水沿いの緑道を20分ほど歩く。木漏れ日が気持ちよく、散歩する人が多い。

いつかふたりでやると決めていたが、オープン当初は、いずみさんは会社に勤めつつ週末のみ店に入るという体制だった。多くを学んだ恩のある職場を、簡単には辞められなかったのだ。

　しかし孤軍奮闘する志考さんの姿を目の当たりにし、予定よりも早く退職して店に専念することを決める。

「ひとりでできることには限界があったし、常に追い立てられていました。家計的にはシビアになるけれど、浮くも沈むも全部一緒、ワクワクしましたね」と志考さんは当時を振り返る。

　いずみさんがサービスで入ると良い意味で敷居が下がり、学生も訪れるようになった。また、イベントを企画したり、新メニューを開発する余裕も生まれ、常連客も増えた。

「今思えば、それまではどこか軽い気持ちだったのかもしれません。生活のための仕事となったら、真剣さが変わりましたから。接客や経営などの悩みはありますが、理解してくれるパートナーと一緒なら、大変だとは思いません」といずみさんが明るく言えば、「家族にも店にも笑顔と愛情を注いで、もっと楽しくしていきたいね」と志考さんが穏やかに微笑む。

　お互いを思いやるなんとも幸せそうな光景も、ふたりにとってはきっといつもの日常。そこに宿る美しさこそが、この店の本質をつくっているのだろう。

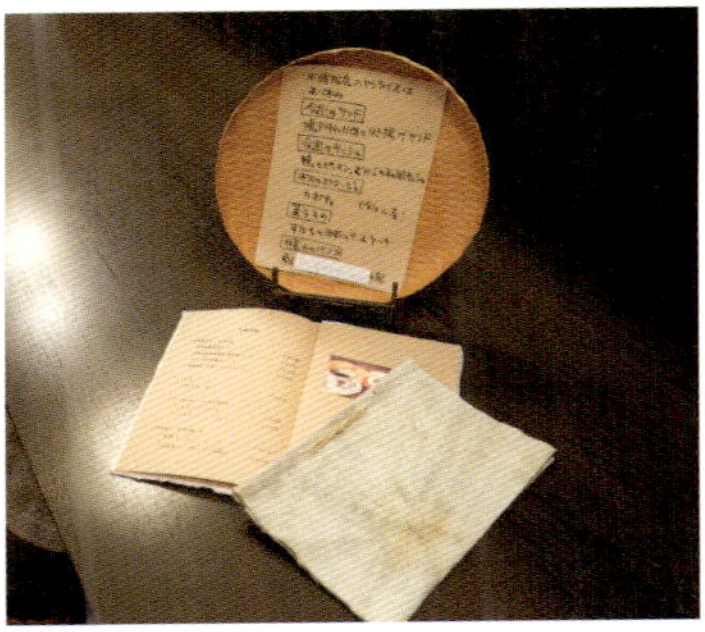

手作りのメニューブック。手漉きの和紙が使われているので、手触りがやわらかく気持ちよい。

大きなカウンターは、元々あったものを利用している。その上にずらりと並ぶのは、「銀花」という雑誌。暮らしの中の美を求める内容で、ふたりが影響を受けた本だ。電球に和紙を巻いたオリジナルの灯が、やさしい雰囲気。

1
2

1. 昔から憧れていた、ジョージナカシマの椅子や松本民芸家具などを贅沢に配した。座ったときにテラスが見えるよう、雪見障子にしている。

2. 手水鉢《ちょうずばち》と柄杓《ひしゃく》なども設えた、緑が美しい和風のテラス。ここもふたりで造りかえた。

お米プレート1100円。金・土曜日限定のメニュー。内容は週替わり。撮影時は鶏の塩麹漬けオーブン焼き、天然ひじきといんげん和え、原木舞茸とオクラのバターソテー、自家製ぬか漬け、紫米、すだちの効いた味噌汁。

四季を感じる、野菜たっぷりのメニュー

「旬の食材、土地の食材を大切にする」というのがモットー。毎朝、近所の『清水農園』でたっぷり仕入れる新鮮な野菜が、メニューの中心。米などの食材も、縁のある生産者から取り寄せる。

メニューは和にとらわれず、サンドイッチやサラダ、パスタなど喫茶店の定番が揃う。ただ、サンドイッチのパンは注文を受けてから炭火で焼く、サラダには自家製スモークサーモンを使うなど、どれもひとひねりが効いている。

「よい器で人をもてなしたい」という想いもカフェ開業を志した理由のひとつ。旅先や展示会で買い集めてきた器や、地元の陶芸家、鈴木満美さんにつくってもらったカップなど、どの器にもストーリーがある。

ダージリン550円。フランスの老舗紅茶ブランド『マリアージュフレール』の茶葉を使用。風味を確認するため、必ず味見をしてからカップに注ぐ。

わらび餅400円。毎朝、その日の分だけ鍋で練ってつくるので、ぷるぷる、もちもちの食感がうまれる。

ケークサレ450円。チキン、オリーブ、ナスなど具沢山。紫米の米粉でつくるため、しっとりとしていてテリーヌのよう。

サンドイッチ800円。取材時は鳴門ワカメのかき揚げサンド、すだち醤油ソース。すだちは徳島まで採りに行ったもの。

店での役割分担

志考さん
料理、経理、企画立案及び具現化

いずみさん
ドリンク、サービス、広報、企画立案

1日のスケジュール

7:30	起床、家事（いずみさん）
8:00	起床（志考さん）
9:30	仕入れ、仕込み（志考さん）
	銀行周りや開店準備（いずみさん）
12:00	開店
21:00	閉店、片づけ
23:00	帰宅。夕食準備や家事（いずみさん）
24:00	夕食
26:00	就寝

開業までの道のり

2010年4月	物件を探しはじめる
2011年7月	物件契約、施工開始
2011年10月	オープン
2013年4月	本格的に夫婦での営業になる。

開業資金

500万円
内訳：内外装費100万円、備品類100万、運転資金300万

店舗レイアウト

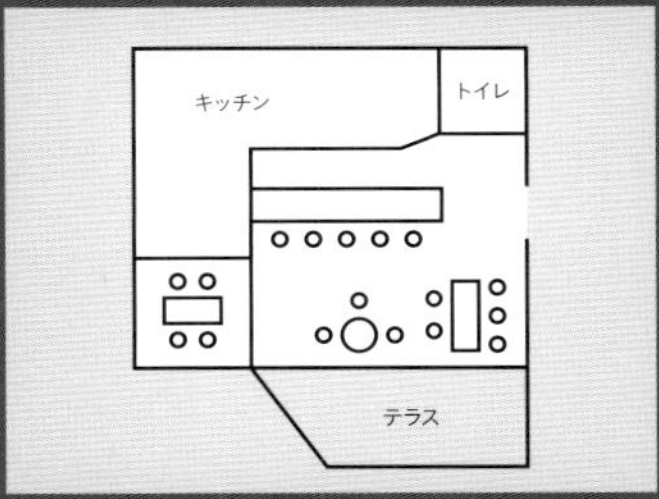

18坪・**17**席
設計施工：居抜き物件をセルフリノベーション

厨房用品やカウンターは以前の店のものをそのまま利用したが、店内の改装は友人の一級建築士・増谷光記氏に、壁紙は『紙舗 直』根深法子氏、内山紙の阿部一義氏にそれぞれ相談し、セルフリノベーションした。

いずん堂
住所：東京都小平市小川町1-741-53
鷹の台駅から徒歩18分
電話：042-315-1106
営業：月・水・木・日曜12:00—20:00、
金・土曜12:00—21:00
定休日：火・第3月曜
http://izundou.com

MERIT / DE MERIT

家族カフェのメリットとデメリット

カフェオーナーのみなさんに、「家族で一緒に仕事をするメリットとデメリット」を聞いてみました。

ずっと一緒にいるから決断や実行が早い、お互いを理解しているから足りないところを補いあえるなど、人生のパートナーだからこその利点は多いようです。

一方でケンカが長引きがち、緊張感を失いがちといったデメリットもあります。代わりがいないので、どちらかが病気になった時の対処法や収入源がひとつであることのリスクなども、事前に考えておいたほうがよさそうです。

本音を言いあえ、目標を同じにし、公私を一緒に楽しめるパートナーがいるというのは、すばらしいこと。

デメリットや困難を乗り越えながら、人生の目標に向かってともに成長できる。それこそ家族経営の醍醐味なのかもしれません。

MERIT
メリット

- 意思の疎通がスムーズ
- 考え方が似ているので、コンセプトがぶれない
- 家族の時間が増える
- 企画立案から実行までがスピーディー
- お互いの足りない所を補いあえる
- 人件費の軽減
- 意見の交換が遠慮なくできる
- 共通の話題が多く、毎日が楽しい
- 喜びも悲しみも共有できる
- 余計な気を使わないのでストレスがない
- 相手の新たな魅力や能力に気づける
- 子どもに仕事をしている両親の姿を見せられる
- 仕事も家事も育児もすべてを分かちあえる

DE MERIT
デメリット

- 客観性、緊張感を失いがち
- ひとりの時間が少なく、プライベートを確保しづらい
- どちらかが体調を崩したときは休業せざるをえない
- 公私の切り替えが難しい
- 収入源がひとつなので、経済面のリスクが大きい
- けんかをするとリセットが難しく、引きずりがち
- 仕事の面で甘えてしまうことがある
- 休日も両親ともに仕事のため、子どもとの時間が持ちづらい

インテリアのIDEA・1

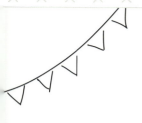

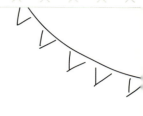

ハンドメイドアイテム編

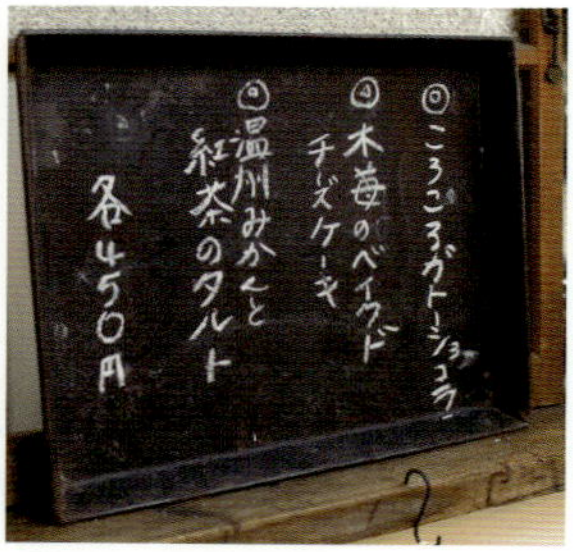

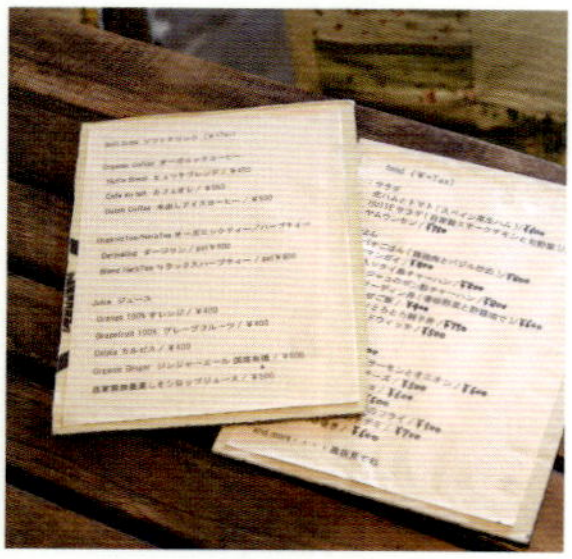

3 | 2 | 1
5 | 4

1. さびたバットがメニューボード。シャビーな雰囲気にぴったり。（イタリアごはんとおやつcurari）
2. 鉄製のように見える窓枠は、サッシの上からアイアン塗料をぬったもの。（cafe spile）
3. 100円のプラスチック瓶に白いペンキを塗れば、まるで陶器の花瓶みたい！軽いし、万が一倒れても安心。（BORTON）
4. 段ボールに紙を貼り付けたメニューブック。ラフな感じが和む。（HUTTE）
5. おしゃれなトイレサインは、オーナーの手描き。（iijima coffee）

子育てしながらの営業

仕事も育児も家事も、
ぜんぶふたり一緒に乗り越えてきた。

オーナー 飯島《いいじま》 佑美《ゆうみ》さん 真悟《しんご》さん

最高のコーヒーシーンをすべての人に提供

07

iijima coffee《イイジマ コーヒー》

最寄り駅から徒歩20分。ファミリーレストランなどが並ぶ大通り沿いに建つ、ブルーグレーの外観が印象的な一軒家カフェ。「最高のコーヒーシーンをすべての人に」というコンセプト通り、提供する料理の素材や器はもちろん、言葉使い、流す音楽のボリューム、飾る花の角度など店のすみずみまでオーナー夫妻の美意識が行き届いているのを感じる。

『イイジマコーヒー』を営む真悟さんと佑美さん夫婦は、栃木にある老舗カフェ『1988 CAFE《カフェ》 SHOZO《ショウゾウ》』のスタッフとして出会った。ふたりとも同店の凛とした雰囲気に憧れ、どうしても働きたいと熱望して入社した。

「僕はコーヒーからケーキ製造までひととおりやらせてもらいました。ここでは技術だけでなくセンスの磨き方も学ぶことができ、勤務した7年はあっという間でした」と真悟さんは振り返る。

ともに自分の店を持ちたいと思っていたふたりは、結婚を機に退社。夢を実現させるべく佑美さんの実家近くに移り住み、資金を貯めるためにアルバイトをしながら、物件を探しはじめる。

現在の場所は偶然見つけた、串焼き屋の居抜き物件。30年以上やっていた店なのに清潔で、開放感があるのが気に入った。

「アクセスは不便ですが、いい仕事、いいサービスをきちんとしていれば、見つけてくれる人がいるはず。それに誰もが来やすい店というより、探してくれた人に来てほしいという気持ちもありました」。

リノベーションは自分たちのセンスを理解してくれる、知人の建築家に依頼。骨組みだけ残して、居酒屋風だった店内を「シンプルで温かみのある空間」に造り替えた。

２０１４年春にコーヒーとお菓子の店をオープン、とうとう夫婦の夢が形になった。しかしその3ヵ月後、佑美さんは体調を崩してしまう。営業は急遽アルバイトを雇って乗り切り、佑美さんは身体に負担がかからないよう自宅で事務作業をする日が続く。

むらのあるブルーグレーの外壁が印象的。外の席はペット連れや喫煙者向け。

元は畳の部屋があったりと、居酒屋のような造りだった物件。知人の建築家にはイメージ画像をいくつか見せたが、センスを信頼して任せた。床にはアメリカの古材を貼った。

ふたりが「店を象徴している」と言う場所。シンプルな中に美があり、お茶の世界に通じる。花器の角度や花の水がきちんと澄んでいるかも、居心地の良さを左右する大切なこと。

本、古材、花、古道具などふたりの好きなものはぴったり同じ。

「すぐ良くなると思っていたのに原因が分からず、長引いてしまいました。店に出られないことが本当にくやしいし、夫に負担をかけるのも申し訳なくて…」

真悟さんにとっても心配なのはもちろんだが、言葉を介さず店の目指す形を共有できる妻の不在は辛いことだった。

そんな苦しい時期を救ったのは、佑美さんのお腹に宿った小さな命。絶対に赤ちゃんを守りたいという気持ちが支えになり、結果的に出産したことで病気も完治した。

家族のためにしっかり店をやっていく覚悟が決まったという真悟さん。「開業当時は今の店だけを長く続けようと思っていたのですが、経営者の人たちと交流する中で、店を拡大して組織化し、可能性を広げたいという気持ちに変わりました。僕らがつくる空間を、いろんな土地で人々の生活の一部にしてもらえたらいいですね」。そう語る真悟さんを見て、佑美さんは「日を追うごとに器が大きくなって、ますます頼もしい存在です」と微笑む。

佑美さんにも、心境の変化はあった。「以前は『店はこうあるべきだ』という固定観念があって、夫につっかかることが多かったんです。でも病気と出産を通していろんなものが削ぎ落とされ、彼の想いを支えたいと思うようになりました。少しでも店をよくして、辛い時に助けてくれたスタッフや来てくれたお客さんにお返しをするのが今の私の目標です」

4月から娘の歩衣ちゃんは保育園。佑美さんも少しずつ店に出るようになった。仕事に育児に家事にと、大忙しの毎日だろう。それでもお客さんに会えることが本当にうれしく、幸せだと満面の笑みで語る。

辛い経験があったからこそ、守るべきものがあるからこそ、ふたりはやさしくて逞しい。そんな夫婦の営む店は、陽だまりにいるように心が休まる場所なのだ。

什器はアンティークショップを巡って探した。「数が必要な椅子は早めに探しはじめた方がよい」と建築家からアドバイスを受けたそう。

窓の外は専用駐車場。車で来店するお客が多いため、9台分駐められる。

吟味した素材で シンプルなメニューを

ハンドドリップコーヒーと自家製ケーキが主軸。コーヒー豆は北海道の『斎藤珈琲』と千葉の『KUSA.喫茶』から仕入れる。オープン前に全国から豆を取り寄せて試飲してみた結果、昔からファンだったこの2店が際立って美味しかったそう。

ほかにも地元の若手農家から仕入れる元気な野菜や、オーガニックの紅茶、クーベルチュールチョコレートなど、素材として扱うひとつひとつを吟味する。調理はすべて真悟さんが担当しているが、現在佑美さんが新メニューを開発中。今後、テイクアウト商品も増やし、オンラインショップも立ち上げる予定だ。

ドリップコーヒーは4種類あり、580円〜。1杯ずつペーパードリップする。店の周囲にはファミリーレストランが多いので、オープン当初は「価格が高い」と言われることもあったが、今はここでしか味わえない質や空間を求めるお客でいっぱいだ。

真悟さんがつくる焼き菓子。ラベルのデザインなどは佑美さんの担当。

テイクアウト用の商品。千葉名産のピーナッツを使ったお菓子や、ローチョコレート、ジャムなどが並ぶ。ギフト、お土産としての需要も高い。

レモンパイ520円。しっかりと酸味の効いたレモンクリームと、甘いメレンゲのバランスが絶妙。ケーキはレギュラー4種類と月替わり1種類を用意。

ベーコンと野菜のピザ750円。自家製の肉厚ベーコンと、地元の農家『キレド』から仕入れる「島人参」や「日野菜カブ」をのせたボリューミーなピザ。

店での役割分担

真悟さん
料理、ドリンク、サービス、企画

佑美さん
商品デザイン関連、事務、ウェブ

1日のスケジュール

6:00	起床（佑美さんは家事の後、仕事）
7:00	入店、掃除、仕込み（真悟さん）
10:00	開店
16:00	仕事を終え家事と育児（佑美さん）
18:00	閉店、仕込み、片づけ（真悟さん）
21:00	子どもの就寝後、事務作業（佑美さん）
23:00	就寝（佑美さん）
24:00	帰宅（真悟さん）
25:00	就寝（真悟さん）

開業までの道のり

2013年9月	物件を見つける
2014年2月	物件契約、施工開始
2014年4月	オープン

店舗レイアウト

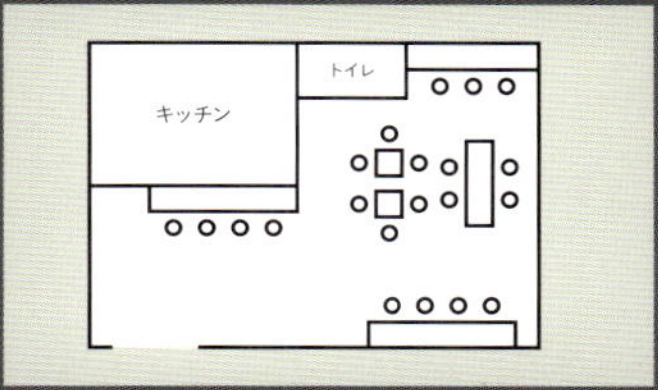

15坪・**21**席
施工：span design

iijima coffee
住所：千葉県千葉市花見川区柏井町1617-7
八千代台駅から徒歩19分
電話：047-455-3242
営業：10:00—18:00
定休日：水曜
https://www.iijimacoffee000.com

オーナー　松中《まつなか》　優友《ゆうすけ》さん　彩《あや》さん

子どもウェルカムなイタリアンカフェ

08

イタリアごはんとおやつ curari《クラリ》

ベビーカーごと店内に入れるよう、味のある古い家具たちはゆとりをもって配置され、おむつ交換台やゆりかごも用意されている。

窯焼きの本格ナポリピッツァと手の込んだデザートを子連れでも気兼ねなく食べられるとあり、オープンと同時に店先には親子自転車が次々と並び、お母さんたちの憩いの場となる。

「娘が産まれてから『子どもウェルカムなイタリアン』というコンセプトを決めた」というオーナーの松中さん夫妻。２歳になるゆいちゃんは看板娘となり、その成長を楽しみにする常連客も多い。

料理と経営は夫の優友さん、デザートとインテリアは妻の彩さんという分担。ともに早くから飲食の道で働きはじめ、いつか一緒に店を持とうと夢を語り合っていた。

「最初はカフェの多いおしゃれな街で物件を探していたのですが、ふと、地元の商店街にある空き店舗が気になって。室内は老朽化していたものの、ピンときました」。

施工は以前から彩さんが憧れていた個人大工に依頼。毎日現場へ顔を出し、相談しながら理想の空間を完成させた。

しかし大手レストランで長年働いてきた優友さんにとって、彩さんの選ぶこと全てがマニュアルと正反対。

「排水設備も整っていない古いスケルトン物件だし、買ってきた椅子も一脚ずつバラバラでどれも汚れているし、子どもＯＫな店なのに作家の器を使うというし…」。

そう心配しながらも、彩さんのセンスを尊敬して信じていた優友さんは、黙って最後まで一任。結果的にそれが店の個性となり、今の人気につながった。

駅から続く商店街に立地する同店。

「この辺りは昔ながらの店が多く、全体的に物価が安いんです。地元の方からは値段が高いと続かないよとか、店先にちょうちんをつけた方がいいとか、いろんなアドバイスをもらいました」と苦笑する。

それでもオープンするとすぐに「近所にこう

半オープンのキッチン。優友さんがきれい好きなので、キッチンは常にピカピカ。

赤ちゃん用に小上がり席を用意したかったが、設計上難しかったためソファー席で代用。子連れ客に喜ばれている。

什器類は全て彩さんのセレクト。子どもが寝た後、ネットショップでひとつひとつ選んだもの。古い家具ばかりでも清潔感がでるよう、壁は白にこだわった。

地元の作家がつくるアクセサリーなど、雑貨類も販売。

くすんだブルーグレイのトタンと4枚のガラス戸が、個性的。

いう店がほしかった」、「子どもが喜んでいつもよりたくさん食べた」というママたちの口コミが広がり、ランチは予約で埋まるほど盛況となった。

うれしい半面、その忙しさの中、まだ0歳児のゆいちゃんを育てながらの営業は大変だった。

「待機児童が多い地域なので1年目は保育所に入れなかったんです。お昼は夫とアルバイトスタッフに任せて、夜だけ私が娘をおんぶしながら店に入りました。よく寝て育てやすい子だけど、背中で暴れて大泣きすることもある。そんな時はお客さんの邪魔にならないよう外に出てあやすのですが…」。

「僕はひとりで手がまわらなくなり、早く戻ってきてくれとひたすら願っていました」と彩さんの言葉を引き継ぐ優友さん。

余裕がなく、それまでほとんどケンカのなかったふたりも、言い争うことが多くなった。

彩さんは「日中は店にいられない疎外感があったし、夜は娘に『ずっとおんぶでごめんね』という気持ちがあったし、ちょうど実家の父の看病も重なって、一番辛い時期でした」と振り返る。

けれど「決めたからにはやるしかない」と夫婦で乗り越え、今年の春にはゆいちゃんの預け先も決まった。現在は仕事と家事と育児を分刻みでスケジュール管理し、ふたりで分担する。時には子どもを寝かしつけてから店に戻り、夜中まで仕込むこともある。

「確かに身体は疲れますが、何より娘との会話に癒やされます。仕事もお客さんの反応を見ながら好きなものを作れるし、今はやりがいがあって毎日が楽しい」と語る。

そんな両親の姿を見ているからか、ゆいちゃんは「お店屋さんごっこ」が大好きだ。

「もう少し大きくなったら、クラリの一員としてカトラリーボックスを運んだりと実際にお手伝いしてほしいですね。娘がいることで、子連れのお客さんも入店しやすくなるでしょうし」。

店名の『クラリ』は、のらりくらりやっていきたい、という思いから名付けた。ふたりがのんびりできるのは、多分もう少し先のこと。今日もゆいちゃんのにぎやかな笑い声から、松中家の1日が、商店街での1日が、元気いっぱいにはじまる。

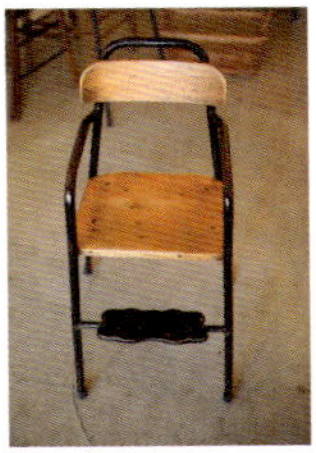

子供用ハイチェアとゆりかごも、店の雰囲気にあうものをセレクト。

ビンテージのおむつ替えベッドは、オークションサイトで購入した。赤ちゃんが寝っ転がった時に喜ぶよう、天井からはかわいらしいモビールが。

マルゲリータ900円（単品）。直径26cmの食べ応えがあるナポリピッツァ。ピッツァだけでも20種類揃う。

独立前は全国展開するピザ専門店に8年間勤務していた。

本格イタリアンと自家製デザート

雰囲気はカジュアルだが、平均単価はランチ1500円、夜3000円とカフェとしては高め。「ここでしか食べられないクオリティの高いメニュー」にこだわっているからこそ、地元住民に受け入れられている。

料理は優友さんひとりで作るが、「メニューはたくさんあった方が楽しいから」とフードだけでも約50種類揃える。

彩さんはイートイン用デザートの他、テイクアウト用の焼き菓子や、オーダーメイドのバースデーケーキもつくる。かわいらしいルックスのホールケーキは特に人気で、今年はクリスマスケーキの予約が申込開始後5分で完売したほど。パティスリーとしても認知されつつある。

レジ脇に並ぶ、テイクアウト用の焼き菓子。ギフトにも対応可能。

ランチの前菜。ランチは3種類あるが、前菜、メイン（ピザかパスタ）、ドリンク、デザートがついた1500円のセットが一番人気。

お子様パスタ450円と、お子様ドリンク80円（ランチ時）。子どもメニューも本格的なところが、親子連れに支持される理由のひとつ。

木イチゴのベイクドチーズケーキ、コーヒー、各450円。彩さんはタルトがメインのカフェで修業を積んだ。

店での役割分担

優友さん
料理、事務、経営

彩さん
デザート、サービス、インテリア

1日のスケジュール

7:00	起床、家事（彩さん）
8:50	起床（優友さん）
9:30	入店、仕込み
11:00	開店
15:00	休憩、一時帰宅（優友さん）
15:20	ティータイム営業をしながら仕込み（彩さん）
16:30	保育園のお迎え（優友さん）
17:00	子どもと共に入店（優友さん）
17:30	帰宅、育児、家事（彩さん）
21:00	閉店、掃除、事務作業（優友さん）
23:30	帰宅、夕食（優友さん）
24:00	就寝（彩さん）
26:00	就寝（優友さん）

土日は彩さんは育児・家事で、店はアルバイトスタッフが入る。

開業までの道のり

2015年1月	物件を見つける、契約
2015年4月下旬	施工開始
2015年7月	オープン

開業資金

1200万円

内訳：物件取得費その他410万円、内外装費390万円、厨房設備費250万円、什器や備品150万円

特にピザ窯や換気ダクトなどに費用がかかった。

店舗レイアウト

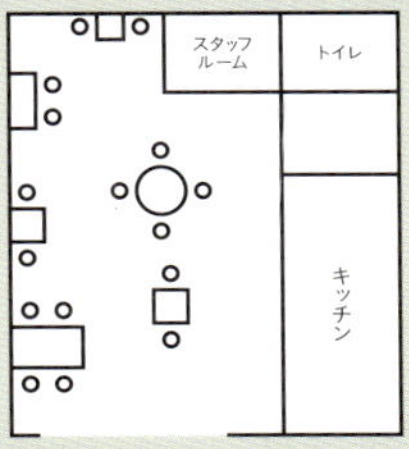

16.5坪・**15**席

施工：cohako

イタリアごはんとおやつ curari
住所：東京都板橋区赤塚2-9-12
　　　下赤塚駅から徒歩5分
電話：03-4283-0715
営業：水〜日曜11:00—21:00
　　　月曜11:00—17:00
定休日：火曜
http://r.goope.jp/curari

オーナー 洪《ホン》榮《ヨン》準《ジュン》さん 後《ご》藤《とう》玉《たま》衣《え》さん

和なインテリアの中で食す、ヘルシーな韓国料理

09

tama cafe《タマ カフェ》

韓国出身のヨンジュンさんが作るヘルシーな韓国料理と、妻の玉衣さんが作る美容によいデザートが評判の『タマカフェ』。

駅から距離はあるものの、近くには老舗パティスリーやレストランなどが立ち並ぶ、大通り沿いの一軒家カフェだ。

木がふんだんに使われた店内は、和食器のギャラリースペースがあったり、壁には書家の作品が飾られたりと、洗練された和の雰囲気。

「私たち夫婦と同じように、店も韓国と日本のコラボレーションです」と明るく笑うふたり。お互いを「ヨンちゃん」「タマちゃん」と呼び合う仲の良さが、訪れる人をリラックスさせる。

以前は企業でレストランの立ち上げなどをしていた玉衣さんだったが、出産を機に退職。はじめての子育てに奮闘する中、親友から実家が所有する物件で何かやらないかと声がかかる。

昔から自分の店を持つ夢はあったものの、子供はまだ1歳。飲食店はハードな仕事だと分かっているし、今やるのは難しいと思ったが、ヨンジュンさんは「一緒にチャレンジしよう」と前向きだった。

「妻は努力家だし才能もある。自分にも、家族と一緒の時間を増やしたい、会社員ではない第2の人生をスタートさせたいという気持ちがありました」。

知らない土地でやっていけるのか、子供が病気になったら店はどうするのか。考えるほど不安要素が浮かんだが、物件を見に行くたび「年配の人が多い地域だから、健康を意識した韓国料理がよさそう」「気軽に入ってもらえるカフェ形式がいいね」と自然にイメージがわき、この縁を大切にしようと心が決まった。

店舗デザインは、数々の受賞歴を持つ家具デザイナー、小泉誠氏に依頼した。

「近所に事務所があり知人に紹介してもらっ

2階建て日本家屋の1階が同店。目の前の大通りは桜並木が見事で、春になると見物客も増える。

店内一角には、和食器店『Ivory』のショップスペースがある。ここの器で提供するメニューも多い。

たのですが、センスはもちろん人柄も素晴らしく、毎回打合せが楽しみでした。床材を剥がしたり、家具にヤスリをかけたりと友人達も手伝ってくれて…あの時間は私たちの財産です」と目を細める。

隅々まで愛情を込めたこだわりのインテリアに、「毎日の暮らしの中から健康に、そして美しく」というコンセプトのもと考案されたメニュー。

すぐに口コミでお客は集まり店舗は順調なスタートをきったが、私生活では問題がおきた。

「夫婦で店に立つので、それまで私とべったりだった娘も保育園に入れました。保育時間が終わると店に連れてきたのですが、それを嫌がってぐずり、接客にも支障が出てしまって…。急に環境が変わって不安な中、娘なりに頑張ってくれていたのに、お店なんだから静かにしなさいと怒ってしまうこともありました」。

3ヵ月ほどそんな状態が続き、夫婦とも痩せ細ってしまうほど心身の疲労が重なった。

「今の状態では店も長続きしないと何度も夫と話し合いました。結果、一番大事なのは家族3人が一緒にいられることで、それがあっての仕事だと一致したんです」。

家族の時間を守るため営業時間を短縮し、提供メニューから通勤手段までこれまでのスタイルを大幅に変更する。

「娘が店にいるのは週末短時間のみにして、一緒にお客様をもてなそうというスタンスで接するようにしたら、積極的にテーブル拭きなどを手伝ってくれるようになりました。娘がいることで子供連れの方が増えたり、応援の言葉をかけてもらったりとコミュニケーションが広がり、地域に育ててもらっていることを実感しています」。

店名には、この場所からたくさんの縁《たま》が繋がり、輪《たま》が広がるように、という願いが込められている。

ころころと転がり、時にはぶつかりながらも、どんどん大きくまるくなっていく『タマカフェ』。中心にいる家族3人の絆はそのたびに、もっともっと強くなるのだ。

小泉誠さんデザインのテーブルとイス。座りやすいよう、テーブルの脚が内側に入っているのが特徴。

ベンチの下は、玉衣さんのアイデアで収納スペースになっている。

1
2

1. ジャズが流れる、落ち着いた雰囲気の店内。壁の書は、友人のデザイン書家、国分佳代さんの作品。
2. 奥にはカーテンで仕切れる個室があり、ワークショップや団体客などはこの部屋を利用する。

ビビンバや参鶏湯、チヂミなど代表的な韓国料理をヘルシーにアレンジ。玉衣さんがコンセプトや器を決め、ヨンジュンさんがレシピ化、二人で試食をしてから正式メニューになる。

料理は食べ手へのプレゼントと考え、「全体のハーモニー」を大切に、見た目はもちろん食べやすさ、食感、温度など細部にまでこだわる。子供や高齢のお客も多いため、コチュジャンは別添えにしたりサイズやトッピングを選べたりという配慮も、「ハーモニー」の要素だ。

デザートとドリンクは玉衣さんの担当。韓国薬膳茶や伝統菓子など、こちらも個性的なメニューが揃う。

1 | 2

1. オリジナルの万能だれをレジ脇で販売。ピリ辛で、鍋や餃子、チヂミのたれとしてもおすすめ。
2. イラストレーター桜井やすこさんのイラストが描かれたメニューブック。

美容と健康を意識した おしゃれな韓国料理

参鶏湯などに使う生薬が並ぶ。

卵焼き韓国海苔巻(スープ付)1200円。プルコギの具材が入った海苔巻きを、卵液に通して焼いたおかず。女性がひとくちで食べられるよう、サイズにもこだわる。

ミスカルワッフル+メープルシロップ450円。韓国で昔からある美容食「ミスカル(麦やもち米など数種類の雑穀をブレンドした粉末)」を練り込んだワッフル。

店での役割分担

ヨンジュンさん
料理、経理

玉衣さん
サービス、デザート、事務

1日のスケジュール

6:30	起床（玉衣さん）。家事など
7:00	起床（ヨンジュンさん）。子どもを幼稚園に送り、買い出し後、店へ
9:15	入店。開店準備
11:00	開店
18:00	閉店。片づけ。
19:00	帰宅。家事、育児
25:00	就寝

21時閉店の週末は、ヨンジュンさんが店に残り、
玉衣さんが夕方子どもを迎えに行って18時には帰宅。

開業までの道のり

2013年春	物件の話をもらう
2013年夏	開業を決める
2013年秋	店舗近くに自宅を引越 韓国にメニュー調査に行く
2014年2月	物件契約。施工開始
2014年3月	オープン

開業資金

950万円

内訳：内外装600万円、厨房機器200万円、備品類50万円、運転資金100万円

設計費別途

店舗レイアウト

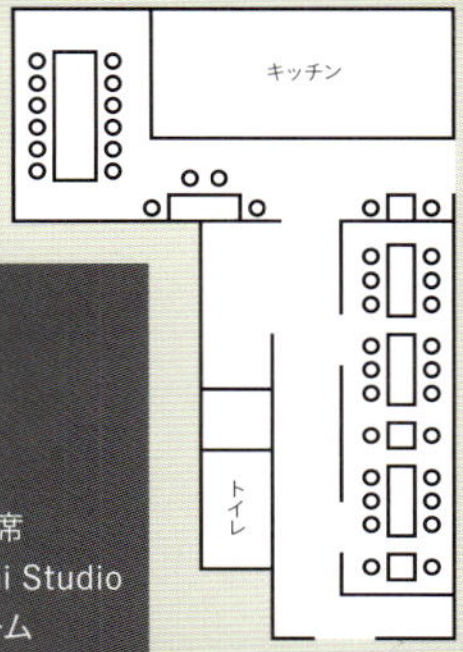

35坪・**40**席

設計：Koizumi Studio
施工：ミキホーム
家具：こいずみ道具店

tama cafe

住所：東京都国立市東2-25-8
国立駅から徒歩10分
電話：042-505-6634
営業：月～木曜11:00―18:00、
金～日曜・祝日11:00―21:00
定休日：水曜
http://tamacafe.info

オーナー　本《ほん》間《ま》　いづみさん　剛《たけし》さん

ホテル仕込みの味とサービスを楽しめる、観光地の洋食カフェ

10

café 1g《カフェ アンジー》

蔵造りの町並みが残る、川越。その中央通りにある『カフェアンジー』は、長年ホテルのレストランで腕をふるってきた本間剛さんが妻のいづみさんとともに開いた店で、カジュアルな雰囲気の店内で質の高いサービスを受けられると評判になっている。

「始発で出勤し深夜に帰宅する毎日になんだか疲れてしまい、家族のそばで仕事をしようと思ったんです」とさっぱりとした表情で独立の理由を話す剛さん。

「会社に合わせて頑張っている姿は見ている私も辛かったので、辞めて一緒に開業しようと言われたときはうれしかった。でもリサーチもせず完全な見切り発車だったから、実際に店を持ったら本当に大変で！　誰か忠告してくれたらよかったのに」といづみさんは苦笑する。

ふたりの出会いは17年前、剛さんの勤務先の老舗ホテルにサービスとして入ってきたのがいづみさんだった。ひと回り半も年下だったが、海外のＶＩＰ客にも堂々と接客する姿は、当時から光っていたそう。

「久しぶりに一緒に働いてみて、改めてサービスのプロとして尊敬しています。彼女のファンというお客さんも多いんです」と言う剛さんに対し、「剛さんの料理は本当においしい。だからお客さまにも心からおすすめができるんです」と返すいづみさん。仲睦まじい掛け合いが場の雰囲気を明るく、和ませる。

現在の場所は散歩の途中でたまたま見つけた、駅からも近い角地の2階建て。予定よりも賃料は高かったが、好立地な分集客も見込めるだろうと契約した。歴史のある町並みに調和するようアンティークや古道具を配しながら、男性でも気軽に入れる店造りを心掛けた。

周囲からは経歴を前面に出した方がよいとすすめられたが、過去よりも今を判断してほしいと一切宣伝はせずにオープン。やがて平日は地元の常連客、週末は観光客で賑わうようになり、周囲からは「軌道にのったね」と声をかけてもらうことが増えたが、いづみさんはひそかに悩んでいた。

駅から続く大通り沿いに立地。商店街ぐるみの大きなイベントもあり、まわりから励ましやアドバイスをもらいながら取り組んでいる。

大きな鬼瓦が特徴的な、どっしりとした蔵造りの建物が並ぶ川越の町並み。海外からのツアー客も多い、人気の観光地だ。

キッチンやトイレは1階に集約し、2階はゆったりとした客席に。グループ客にも対応できる。

2階のソファー席は子供連れに人気。

客席脇にある手洗い場。ソープディスペンサーやペーパータオルボックスなど、細部までアンティーク調のもので統一。

「もともと小さなことを気にしてしまう性格なのですが、安定した収入がなくなり思うような貯金ができず、このまま続けて大丈夫なのかずっと不安で…。ある日、通帳を見せながら剛さんに訴えたんです」。

　それに対し、飲食店で浮き沈みがあるのは当たり前。大切な店だけど、借金を重ねたり子どもに迷惑をかけるようなら執着せずにきっぱり辞めよう、と剛さんは笑い飛ばした。

「気持ちを吐き出してすっきりしたし、安心しました。それからは日々の売上にまどわされるよりも、今のふたりが出せる最高のものを積み重ねていけば結果がついてくるはず、と気持ちの切り替えができました」。

　本間家には3人の息子がいて、それぞれが家事や店の皿洗い、宣伝などで協力してくれる。

「上のふたりはもう大きいのですが、年の離れた一番下はまだ小学3年生。週末は一緒に出掛けたいだろうに、店の事情を分かっているからわがままを言わないんです。それに甘えてしまっている分、夏休みは長めにとって思い切り遊ぶ、学校行事の時は休業して夫婦で参加すると決めています。一番大切なのは子どもたちだし、家族あっての仕事ですから」といづみさんはお母さんの顔で語ったあと、「剛さんのことも店をはじめてさらに好きになりました」とにっこり付け足す。「ふたりが仲良くしていなきゃ、料理の味がとがってしまうから」と隣にいる剛さんは少し照れながら応じる。

『カフェアンジー』の料理がやさしくまろやかなのは、プロフェッショナルな技術はもちろん幸せな家族の愛があってこそ、なのだ。

インテリアはいづみさんの担当。地元川越や吉祥寺などの古道具店を巡って雑貨類を選んだ。

1階の人気席。ミシン台に板を貼り付けたテーブルは、いづみさんの実父がDIYでつくってくれた。

ビーフストロガノフ1300円。一番人気のメニュー。まろやかな中に、少しピリッとしたスパイスを感じる大人味。東北からわざわざ食べに来るお客もいるそう。

ホテル仕込みの洋食メニュー

丁寧に煮込まれたビーフストロガノフや、すましバターでじっくり焼いたフレンチトーストと、老舗の洋食屋のようなメニューが並ぶ。『ホテルオークラ東京』で32年間腕をふるってきた剛さんだが、今の方が料理を出す時緊張するそうだ。「以前はチームで作っていたけれど、ここでは全て自分ひとり。ホテルと同レベルの食材を使うのは無理だから、その分手間をかけることでカバーしています。お客さんからのリクエストに応えるうちにメニュー数も増え、仕込みが本当に大変」と語る。女性客が9割以上ということから、いづみさんに相談しながら新メニューや盛り付けを決める。

フレンチトースト800円。クラシカルな盛り付けも美しい。すましバターをつくり、弱火でじっくり火を入れる、手のかかるひと品。

ランチプレート1100円。3種類の中から選べ、写真はベーコン、なす、モッツァレラチーズのトマトソーススパゲッティ。

店での役割分担

剛さん
料理

いづみさん
サービス、調理アシスタント、広報

1日のスケジュール

6:00	起床、家事（いづみさん）
7:00	起床（剛さん）
8:00	入店、仕込み（剛さん）
10:00	入店、開店準備（いづみさん）
11:00	開店
18:00	閉店、片づけ後帰宅、家事（いづみさん） 仕込み、片づけ（剛さん）
20:00	帰宅（剛さん）、夕食後いづみさんは 引き続き家事
24:00	就寝

開業までの道のり

2012年	開業を思いつく
2013年初夏	物件を見つける
2013年7月	物件契約
2013年8月	施工開始
2013年9月	オープン

開業資金

590万円
内訳：内外装費390万円、厨房設備費150万円、什器など50万円

店舗レイアウト

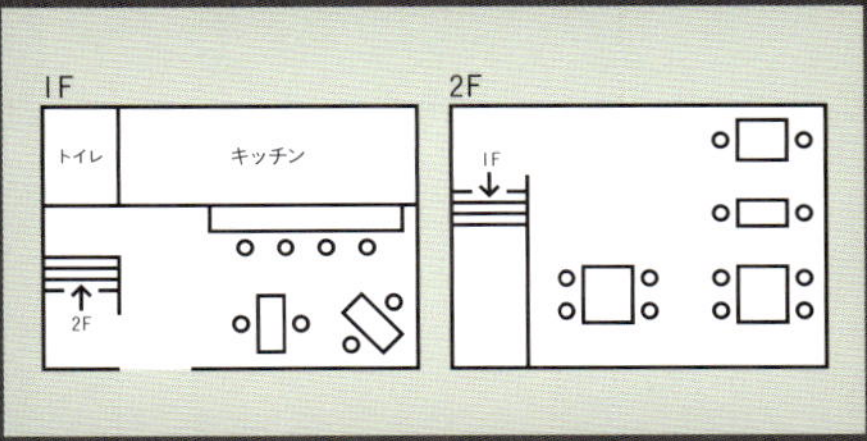

18坪・**20**席
施工：PEACE STYLE.

café 1g
住所：埼玉県川越市連雀町10-1
本川越駅から徒歩7分
電話：049-226-0032
営業：11:00—18:00
土・日曜・祝日10:00—18:00
（18:00以降は予約制）
定休日：不定休
https://www.facebook.com/cafe1g

オーナー 渡辺《わたなべ》 亜《あ》沙《さ》美《み》さん 勝《かつ》也《や》さん

ゼロからセルフビルドでつくりあげた、自家焙煎珈琲店

11

ノチハレ《のちはれ》珈琲店《こーひーてん》

夫の勝也さんが焙煎するコーヒーと、妻の亜沙美さんがつくるお菓子でもてなす『ノチハレ珈琲店』。まっさらなスケルトン物件を勝也さんが8ヵ月かけてコツコツとセルフビルドで仕上げた、白い漆喰壁がやさしい印象のカフェだ。

「木材で骨組みをつくった後の壁を貼る作業が、一番時間も手間もかかり大変でしたね。資格を持っていないガスと水道以外、キッチンの製作から電気配線まで全て自力です。工業高校を出ていることと、以前に電気関係の仕事をしていたことが役立ちました。作業中の家賃はかかりましたが、それでも業者に頼むよりは安くできたと思います」

昔からものづくりが好きだった勝也さん。建築中の一軒家を観察したり、ネットで情報を集めたりと試行錯誤しながらの工事だったが、そのでき映えには亜沙美さんも大満足だという。

「自分でつくると聞いたときは『何を言っているの?』と驚きました。だけどちょうどその頃息子が産まれ、初めての育児でいっぱいいっぱいになり、お店の心配をする余裕もなくなりました」と笑う。

二人の出会いは10年前にさかのぼる。自分で商売をしたい勝也さんと手に職をつけたい亜沙美さんは、職業訓練校の喫茶科でクラスメイトとして知り合った。

卒業後、勝也さんは焙煎工場や居酒屋などいくつかの職を掛け持ちしながら開業資金を貯め、亜沙美さんは人気飲食店で製菓担当として腕を磨く。結婚の話も、一緒に店をやろうという計画も、自然な流れで決まったそう。

目標の500万円が貯まった時点で、物件探しを開始。「普通の街」で地域密着型の店にしたいと、慣れ親しんだ自宅近くで探した。1年かけて見つけたのは駅からも近いスケルトン物件。隣は人気の弁当屋で、通勤、通学の人通りも多い立地だ。8ヵ月の準備期間がカフェの宣伝になったようで、すぐに地元客に恵まれた。

以前勤めていた焙煎工場で仕組みを学び、勝也さんが手作りした焙煎機。コンロに溶岩石をかませるなど、創意工夫に満ちている。

自家焙煎豆は常時9種ほどを販売する。100gから購入可能。

最寄り駅から徒歩5分の立地で、人通りが多い。夫婦の自宅も、勝也さんの実家も近い。

机と椅子は、IKEAで新品を購入。塗装をやすりで削ってから柿渋で塗り重ね、店の雰囲気に馴染ませた。

製菓・焙煎室。ちょうど手元の位置がガラス張りで、お菓子づくりの工程が客席からのぞけるようになっている。

オープン時、子供はまだ8ヵ月。店で一緒に過ごせるよう、トイレにはおむつの交換台を設置したり、寝かせる小部屋をつくったりと準備していた。しかし実際に連れてきてみると、子供が気になって仕事に集中できない。

「結局保育園に入るまでは、母が自宅に通って面倒をみてくれました。初孫ということもありすごく可愛がってくれ、ありがたかったですね」と亜沙美さんは振り返る。

帰宅後も育児に家事とやることは続き毎日ヘトヘトだったが、それでも久しぶりのお菓子づくりや念願のカフェ経営は、子育てと違う充実感があった。

「お菓子をつくっているときは無心になれる。自分はやっぱりこの時間が好きだと実感しました」。

オーナーに小さな子供がいると来やすいのか、子連れのママたちがメイン顧客になったのは少し想定外。

「ママたちの口コミは、広がるのが早いみたいです。お客さんと子育てトークができて、私も楽しんでいます」とにっこりする。

常に明るくふるまい、誰もが入りやすい雰囲気になるよう心掛けているというふたり。

「ケンカをすると店の雰囲気が悪くなるから、お互いのつくるものに関しては敬意を払い、意見を言う時も言葉を選んでいます。夫婦だけだとずっと仕事の話しになってしまいますが、息子がいると、公私が自然に切り替わります」。

子供と店が同時期に誕生し、はじめてだらけで大変なことも多かったが、その分大切な存在になっている。

「どちらも自分たちがどうしたいというより、自由に育ってくれたらいいですね。この先もずっとみんなで一緒に成長していければと願っています」。

1. 子連れママが多いので、子供用の椅子と食器も用意する。
2. おむつ替えのできる台が置かれた、広々としたトイレ。

1
2

オープンキッチンは、「見せる収納」。使い勝手と見た目がよくなるよう、いまもレイアウトを随時変更中。

10杯分のコーヒー代で11杯飲める、コーヒーチケット。男性の購入率が高い。

オリジナルのコーヒーカップスリーブ。友人の刺繍作家がつくる作品で、店で販売している。

懐かしい喫茶店のメニューがテーマ

ドリップコーヒーにトーストと、年代を問わずに好まれる昔ながらのメニューが並ぶ。とはいってもパンやジャムは自家製、ピザソースは玉ねぎを1時間以上じっくり炒めるところからはじめるなど、どれも手間をかけている。

亜沙美さんがつくるデザートは、焼き菓子3、4種と生菓子2種。子供も一緒に食べることを想定し、素朴でおばあちゃんがつくるようなものを目指す。

最近はイベントに呼ばれ販売することも増えてきた。もう少し余裕ができたら、ネット通販も視野に入れている。

ピザトースト480円とハレブレンド400円。フードとドリンクをセットでオーダーすると50円引きになる。ドリンクのおかわりは100円引き。

さくほろスコーン430円。アーモンドプードルを加えた、コクのある味。ホイップと季節のジャムがつく。

アフォガード450円。バニラアイスクリームに濃い目に淹れた熱々のコーヒーをかけた、イタリアンデザート。

ビスコッティーやスコーン、クッキーなどは1個からテイクアウトできるので、お土産にする人も多い。

店での役割分担

勝也さん
料理、焙煎、事務

亜沙美さん
デザート、広報

サービスやドリンクは担当を決めず、
手の空いている方がやる。

1日のスケジュール

7:30	起床。亜沙美さんは家事、育児
8:30	入店。開店準備（勝也さん）
9:00	開店。仕込みやパン作り（勝也さん）
10:00	発注やSNSの更新（亜沙美さん）
16:00	帰宅し育児、家事（亜沙美さん）
18:00	閉店。焙煎、掃除、仕込み、事務作業（勝也さん）
20:30	帰宅（勝也さん）
21:00	夕食
24:00	就寝

お客の少ない午前中は仕込みにあてる。定休日は
仕事をせずに子どもと3人で過ごす日と決めている。

開業までの道のり

2013年8月	物件を探しはじめる
2014年8月	物件契約
2014年9月	施工開始
2015年4月	完成
2015年5月	オープン

開業資金

400万円

内訳：物件取得費100万円、内外装費130万円、厨房機器50万円、備品類20万円、リノベーション中の家賃100万円

店舗レイアウト

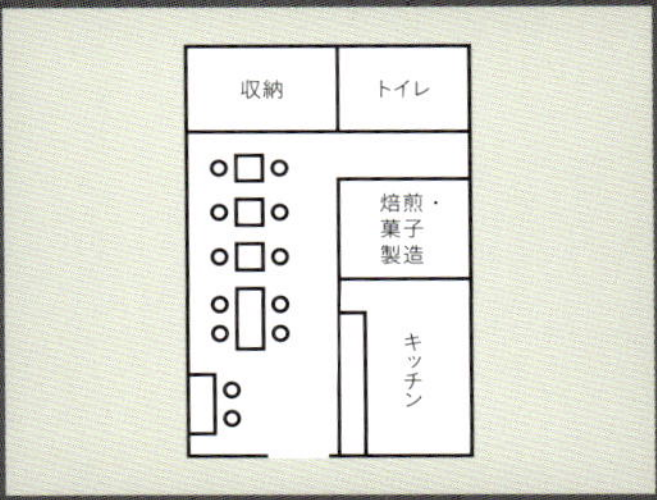

12.5坪・**12**席
設計施工：セルフリノベーション

ノチハレ珈琲店
住所：神奈川県鶴見区矢向5-11-41
矢向駅から徒歩5分
電話：044-577-1205
営業：9:00—18:00
定休日：月・金曜
http://nochihare.com

オーナー 飯島《いいじま》 悠史《ゆうじ》さん 美歌《みか》さん

お母さんに寄り添う親子カフェ

12

MISORA《ミソラ》 cafe《カフェ》

べビーベッドですやすや寝たり、つかまり立ちしながら遊ぶ赤ちゃんの横で、お母さんたちはゆっくりと寛ぐ。

鎌倉にある『ミソラカフェ』は、昨年の春にオープンした無農薬野菜をつかったごはんの店。月齢に合わせた離乳食も用意されているので、家族全員が同じテーブルを囲める。

同店を営むのは、飯島悠史さんと美歌さん夫妻。お互い「こんなにフィーリングがあう人はいない」と、出会って半年で入籍。海と山に囲まれた鎌倉に住んでみたいという夢も一致し、結婚後、千葉から引っ越してきた。

憧れの地での暮らしを楽しんでいたふたりだが、第一子の美鈴《みすず》ちゃんが産まれると視点がガラリと変わった。歴史ある観光地ゆえ大人向けの静かな店が多く、授乳やおむつ替えのできる場所が少ないことに気付いたのだ。大好きな鎌倉だからこそ、子連れでも安心して過ごせる場所にしたい。そんな気持ちから、親子のためのカフェを開くことを決める。

「調査のために娘を連れて各地の親子カフェを巡ってみると、チャージ料がかかったり時間制限のある店が多かった。子供の食事は頼まずに長居するお客さんが多いからだと思うのですが…。そういった規制をせずに客単価を維持する方法が必要だと感じました」。

課題はもうひとつあった。実は悠史さんは料理がまったくできず、美歌さんも厨房で働いた経験はゼロ。どんなメニューにすればよいのか、考えあぐねていた。

それらを一度に解決したのが、無農薬野菜との出会いだった。

「当時通っていた食育教室で紹介されたのですが、感動的なおいしさで、娘も食べる勢いがいつもと全然違ったんです。この風味を生かすにはシンプルな調理法が一番だし、これなら私でもおいしいメニューがつくれるとひらめきました」。美歌さんの言葉を受け、悠史さんも続ける。「無農薬野菜の離乳食なら親も子供に食べさせたいと追加オーダーするだろうから、客単価の問題も解決。ナチュラルな子供雑貨の販売とワークショップをプラスす

コンパクトなオープンキッチン。家族に作るように、愛情を込めて丁寧に料理する。

大通りから一本入ったところにある。最初は8坪では狭すぎると思ったものの、知人から「今ある条件の中で工夫すればよい」とアドバイスされ、まずはふたりで出来る範囲の店をはじめようと契約に至った。

雑貨販売エリアでは、一部の商品を実際に子供があそべる仕組みになっている。木のおもちゃやおしゃれなスタイなど、飯島さんが実際に子供と使ってみてよかったものだけを販売する。ギフトとしても人気が高い。

1. かわいらしさと、大人もくつろげる落ち着きを両立させたインテリア。
2. おむつ替えスペース。大人が腰掛けることもできるので、授乳室としても利用可能。

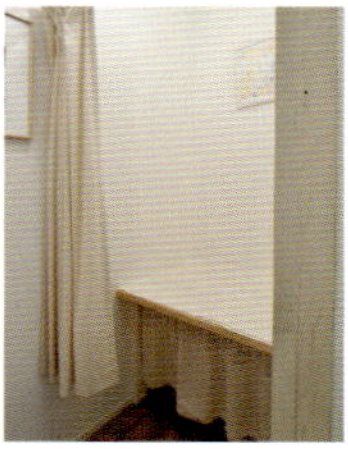

1

2

子供用の絵本はもちろん、ママ向けの雑誌も閲覧用に用意。

れば収入も安定する。店の方向性が固まりました」。

中々空き物件が出ないと言われるエリアで、探しはじめてから2年目、ようやく紹介してもらえたのは8坪の現場所。狭いながらも親子がリラックスできるよう、造りにはとことんこだわった。

まず赤ちゃん用のコンパクトなベッドを置けるようベンチシートの奥行きは通常の倍にする。ベビーカーごと店内に入れる配置にする。オムツ交換台兼授乳室を設置する。親がゆっくり食事できるよう子供が遊べるスペースをつくる。

設計士や知り合いの飲食店オーナーからは、それよりも座席数を増やした方がよいと何度も諭されたが、とことんお母さんに寄り添った店にしたいと気持ちはぶれなかった。

「子育ては孤独になりがち。お母さんたちにこの店が外へ出るきっかけになった、と言ってもらえると、本当にやってよかったと思います」。

親子のための店をやる以上自分たちが胸をはれる育児をしよう、というのが夫婦のモットー。どんなに忙しくても家には仕事を持ち込まず、きちんと美鈴ちゃんと向き合うことを意識している。開店時は人見知りをしていたが、今は「いらっしゃいませ！」と挨拶をしたり、自分より小さな子のお世話をしたりと楽しんでいるそうだ。

実は、まもなくもうひとり家族が増える。「陣痛が来るまで店で働いて、1、2ヵ月ほどしたら赤ちゃんを連れて少しずつ復帰する予定。大変だろうけれど、子供がふたりになって新たに気付くことはきっとたくさんあるはず。それを店に反映させたいですね」と語る美歌さんに、「具合の悪いときには僕が全て引き受けます。だって一番大切なのは、お母さんの健康ですから」と付け加える悠史さん。

お母さんが笑顔ならば、家族みんなが幸せ。美しい空、『ミソラ』は、鎌倉のファミリーをやさしく見守ってくれている。

ベンチシートは奥行きがたっぷりあるから、コンパクトなベビーベッドが置けるうえ、お母さんが座った後ろで赤ちゃんがつかまり立ちをして遊ぶこともできる。座面下は収納になっている。

MISORAプレート(スープ付き)1250円。週2回届く無農薬野菜ボックスを使ったランチプレート。動物性の出汁は使わず、重ね煮など調理法の工夫で、野菜の旨みを引き出しおいしく仕上げる。プラス500円で1.5倍のボリュームに変更可能。撮影時は、水菜と黄色人参のサラダ、ヤーコンと根菜のきんぴら、カブの塩麹マリネ、紅はるかの焼き芋、里芋の煮物、炒り玄米ごはん、味噌汁。

山梨、千葉、神奈川、３軒の契約農家から旬の無農薬野菜を定期的に届けてもらい、それを見てメニューを決める。アレルギーのある子供も食べられるよう、料理には肉、小麦、卵、乳製品を使用していない（デザートをのぞく）。離乳食はお粥と野菜スープのセットから手づかみで食べられる蒸し野菜とおにぎりのセットまで、月齢に合わせたメニューが揃う。量販店で売っている野菜よりも風味が濃いため、苦かったりすっぱかったりもするが、「こんなおいしいピーマンはじめて!」と驚く子供や、「離乳食作りのヒントをもらえた」と喜ぶお母さんも多い。

子供用の食器は、国産の竹製。店内で販売もしており、「子供が食べやすそうだったから」と食後に買い求めるお客もいる。

無農薬野菜のおいしさを生かした料理

メニューブックもアルバムのようでかわいらしい。夫婦が大好きな黄色が、店内のチャームカラーになっている。

ケーキセット850円。コーヒー豆は、北鎌倉の『石かわ珈琲』から仕入れる。チーズケーキは、きめ細やかで上品な食感。

お粥と旬の蒸し野菜400円。味覚を形成中の赤ちゃんには、本物を味わってほしいという気持ちが伝わる。

添加物は一切使用せず、シンプルな調理を基本としているからこそ、国産はちみつや有機酢など良質な調味料にこだわる。

店での役割分担

美歌さん
料理

悠史さん
ドリンク、サービス

1日のスケジュール

7:00	起床、家事
8:45	保育園へ送ってから入店、清掃（悠史さん）
10:00	入店、仕込み（美歌さん）
11:00	開店
16:00	翌日の仕込み後帰宅、家事（美歌さん）
17:00	閉店、片づけ後保育園へお迎え（悠史さん）
19:30	夕食、育児
21:00	家事、事務作業
24:00	就寝

家事も含め、役割分担ははっきり決めず、気付いた方がやるスタンス。

開業までの道のり

2013年	物件を探しはじめる
2015年10月	物件を紹介される
2016年1月	物件契約
2016年2月	施工開始
2016年5月	オープン

開業資金

740万円

内訳：物件取得費100万円、内外装費230万円、厨房設備費100万円、食器その他備品80万円、雑貨仕入れ30万円、運転資金200万円

店舗レイアウト

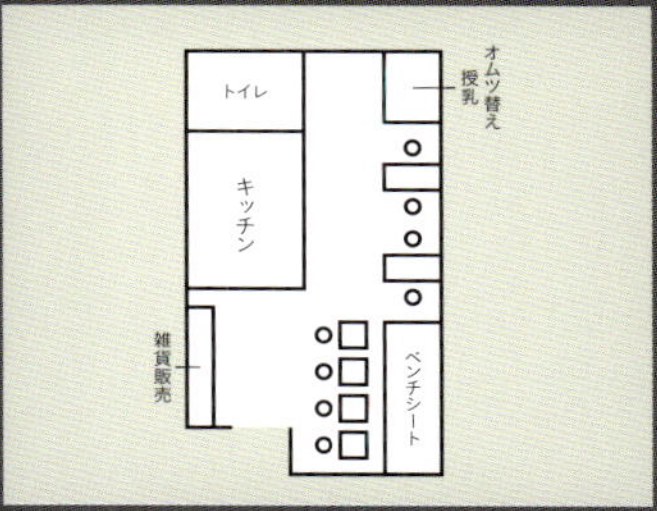

8坪・**12**席

施工：trust 石川則人さん

美歌さんがパートをしていた飲食店の社長から紹介してもらった、個人の大工

MISORA cafe
住所：神奈川県鎌倉市長谷1-2-8
　　　由比ヶ浜駅から徒歩4分
電話：0467-37-6048
営業：11:00─17:00
定休日：日曜、第1・3月曜
http://misora-kamakura.com

WITH SMALL CHILDEREN

小さな子どもがいる場合

未就学児の子どもがいるご夫婦の場合、営業中の子どもの過ごし方は気になる問題。

保育施設に預ける予定ならば、開業前に目処をつけておいた方がよいでしょう。

開業の計画をしている段階でいなくても、オープン後に授かった場合にどうするのか、一度話しあっておくことをおすすめします。

<u>保育施設の選び方</u>
地域によっては、開業を決めた時点で保育施設に入っていないと「開業準備中＝就職活動中」と同様にみなされ、保育園入園のための点数が減点される場合があります（地域ごとに異なるので、事前に地元自治体の入園基準を確認してください）。

待機児童が多い地域だと、希望の認可保育園に入れない可能性もあるので、認可外保育所や保育ママなども同時に検討しておきましょう。住んでいる地域が難しい場合、店の近くの保育施設に預けるのもひとつの手です。

週末の保育は？

飲食店は週末がかき入れ時。土日の営業時の育児をどうするのかも、考えておきましょう。

・子どもが成長するまで、週末は定休日にする。

・週末も預かってくれる保育施設やファミリーサポートなどを探す。

・親族に見てもらう。

・店に連れてくる。

・週末のみアルバイトを雇い、どちらかが子どもと過ごす。

といった対応があります。子どもの性格や地域環境にあわせて決めるとよいでしょう。

子どもがいるから分かる、ママパパがうれしい店造り。（MISORA cafe）

お母さんとお父さんのつくるお店の料理が大好き。（イタリアごはんとおやつcurari）

キッチンに貼られた子どもの描いた絵は、働く源になる。（tama cafe）

子どものいるオーナーに共通していたのは、週末に仕事をする分「定休日は子どもと一緒に思い切り遊ぶ」ということ。普段忙しいからこそ、子どもとの時間が何よりの癒やしになり、仕事の励みになるそうです。

両親が一緒に働く姿を子どもに見せられるのは、とてもいいことですよね。

「子どもが保育園や小学校で店の宣伝をしているようだ」という声が多いのは、両親のつくった店を自慢に思っている表れなのでしょう。

「お店屋さんごっこが大好きな子なので、もう少し成長したら店を手伝わせたい」と語るオーナーもいました。

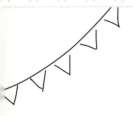

やさしさを感じるアイテム編

3 | 2 | 1
5 | 4

1. トイレの手洗いスペースには、キッチンタオルのかわりに丁寧に折りたたまれた手拭いが並ぶ。（いずん堂）
2. 左奥がトイレとなっている手洗室は、車いすの人でも入りやすいようドアを広くとり、段差をなくした。（ホットケーキつるばみ舎）
3. コースターには、1枚ずつ手描きのイラストが。ふと目にしたときに和む。（BORTON）
4. 親子連れもひとり客もみんなが楽しめるように、絵本からエッセーまで幅広い本を揃える。（いな暮らし）
5. 各席にかわいいブランケットが用意されている。寒さや足下を気にする女性客にはうれしい配慮。（HUTTE）

異業種からチャレンジ

「好き」な気持ちに正直に。
一緒だから、チャレンジできる。

オーナー　伊《い》藤《とう》誠《まこと》さん　志《し》保《ほ》さん

毎日が記念日。あたたかな心を感じる北欧カフェ

13

istut《イストゥット》

大胆な柄のテキスタイルに、温かみのあるビンテージ家具、色彩豊かな食器や雑貨が並ぶ棚。店内を彩るかわいらしい北欧アイテムを、コンクリートむき出しの天井やラフに塗られた壁がクールに引き締める。幅広い年代からくつろげると評判の『イストゥット』は、中学、高校の同級生だったという伊藤さん夫婦が営む店。

「北欧のものは質実剛健なところが魅力的。店にある多くは、現地で直接買い付けたものです」と語る。

誠さんと志保さんが結婚当初からもっていた夢は、ふたりでゆっくり旅することと、いつか一緒に何かをやること。

その実現に踏み出したのは、40歳になった時。仕事の区切りがついたタイミングで退社し、1年間の世界旅行に旅立つ。

暮らすようにゆっくりと各国を巡る中、どんな奥地にもカフェがあり、人々の生活の一部になっていることに感動する。夫婦ともに食べることも料理することも大好き。一緒にやる『何か』はカフェだと確信した。

低予算で開業するため物件は居抜きに絞って探し、建具職人の友人に手伝ってもらいながらセルフリノベーションで店を造った。

「寒い中慣れない大工仕事をしつつ、メニューの試作や備品の発注などを同時進行する毎日。疲れきってふたりともガリガリにやせてしまいました。心の余裕もなかったから、あの頃はケンカも多かったですね」。

一ヵ月半かけてなんとかオープンにこぎつけたものの、苦戦は続く。

「ヨーロッパで訪れたカフェのように各自が自由に楽しめる場にしたくて、アルコールやおつまみを沢山揃えたり、ランチタイムをはずして開店したり、メニューを外に出さなかったりと私たち流にこだわったのですが、理想と現実がマッチせず、空回りしていました」。

ディスカッションを重ね、営業時間やメニュー、インテリアを何度も修正し、試行錯誤

キッチンと客席の仕切りになっている食器棚も手作り。引き戸は1枚ずつ取り外すことも可能で、気分によって開く場所を変えるそう。

窓際のカウンター席は、落ち着けるとひとり客に人気。家具デザイナーの永野智士さんにオーダーしたもの。4脚とも座面が異なり、インテリアのアクセントになっている。

気持ちの良いブルーの外壁と木製ドアに北欧を感じる。

の日々を続ける。定休日も仕事に追われるうち、とうとう過労がたたって入院までしてしまった。

「日本のカフェの概念を覆したいという意気込みでやっていました。だけどこの辺りは昔ながらの商店街。外から見て何の店か分からないと入りづらいし、カフェらしいメニューが好まれる。お客さんが求めるのはシンプルなことだとやっと気付いたんです」。

3年目にしてようやく現在の営業スタイルに落ち着くと、来客数が安定し、回転率も向上。生活リズムが整い、しっかり休息がとれるようになった。

「会社勤めをしていた頃は忙しくて普段一緒にいられなかったので、クリスマスや誕生日だけは高級レストランでふたりの時間を過ごしていました。だけど店をはじめてからは毎日が記念日みたいなものだし、気持ちを交換しあえる。イベントもプレゼントも必要なくなりました」。

お客さんに赤ちゃんが産まれた、引っ越した人がわざわざ来てくれた…。営業後にワインを飲みながら語り、喜びあう夫婦の時間は、今の生活だから得られたこと。

シンプルで、居るだけで心がほっとあたたまる場所。町の商店街で夫婦が営む小さなカフェでは、今日もアニバーサリーが生まれている。

旅先で買ってきたものなど、ふたりでセレクトしたセンスのよい雑貨が並ぶ。

『ルイスポールセン』の照明に『マリメッコ』のファブリック、ビンテージの家具と、北欧のアイテムでまとめられた店内。床にはスウェーデンのパイン材を使用した。

北欧のビンテージ食器販売もしている。年に1度の現地への買付は、旅好きなふたりにとって大きな楽しみ。

ランチセット平日1000円～、土日1600円～。2種類を用意する。撮影時はヤンソン氏の誘惑（ポテトのアンチョビグラタン）、赤カブのポタージュ、サラダ、キャロットラペ、パンのセットで1300円。

北欧食器で目にもおいしい、カフェメニュー

以前はアルコールとおつまみを充実させていたが、今年に入ってシンプル路線に変更。フード、デザートが各5種類前後とドリンク、というメニュー構成だ。ランチは季節や仕入れ状況によってメニューが変わる。夏はカレーやサンドイッチ、冬はグラタンやシチューなどが多い。ふたりの故郷である長野・信州の食材と、旅先で出会ったスパイス類を取りいれているのが特徴。

食器やカップは『アラビア』や『イッタラ』、『マリメッコ』など北欧のブランドで揃える。食洗機でも洗える頑丈さと、料理をよりおいしく見せる美しさが魅力になっている。

自家製ジンジャーソーダ600円。国産生姜を使った、自家製ジンジャーコーディアルの炭酸割り。ピリッとした刺激がくせになる。ホットも可。

お水とお手ふきはセルフサービス。『イッタラ』のカラフルなグラスをラフに重ねる。下に敷いたマリメッコのビニールクロスが、インテリアのアクセントになっている。

ストレートコーヒー600円。信州小布施の落雁付き。コーヒー豆は神戸の『グリーンズコーヒーロースター』から仕入れる。

クラシックナポリタン。太麺でつくる甘めの味が懐かしい、ボリューミーなスパゲッティー。14:30～17:30限定のメニュー。

信州リンゴのコンポート・ラムレーズンとバニラアイス添え800円。リンゴをやわらかく煮込んだ、アップルパイのようなひと皿。

店での役割分担

志保さん
料理、デザート、事務

誠さん
ドリンク、サービス、経理

1日のスケジュール

7:00	起床
8:30	入店（誠さん）。仕込みと開店準備。志保さんは自宅で事務作業
9:30	入店（志保さん）。仕込み
12:00	開店
17:30	閉店。仕込み、掃除、仕入れ
20:00	帰宅。夕食、家事、事務作業
23:30	就寝

開業までの道のり

2011年秋	カフェ開業を決意
2012年1月末	物件契約
2012年2月	施工開始
2012年3月	オープン

開業資金

640万円
内訳：設計・施工費140万円、什器・備品類190万円、雑費30万円、その他280万円

店舗レイアウト

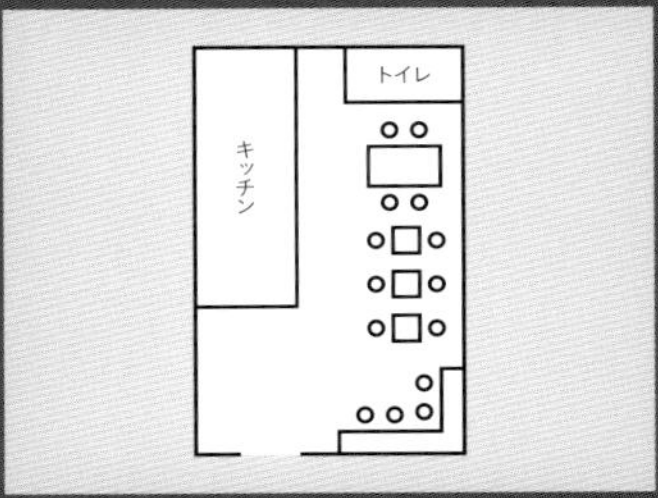

10坪・**14**席
設計施工：居抜き物件をセルフリノベーション
解体と電機工事のみ業者に任せ、他は全て『ポルト』髙畑純さんとともに、1ヵ月半かけてセルフリノベーションした。

istut
住所：東京都杉並区天沼3-30-41
　　　荻窪駅から徒歩4分
電話：03-3398-3534
営業：12:00—17:30
定休日：火曜
http://www.facebook.com/cafe.istut

オーナー　佐《さ》藤《とう》晋《しん》里《り》さん　えり奈《な》さん

山の麓のノコギリ屋根で営む、酵母パンとコーヒーの店

14

noco BAKERY & CAFE《ノコ ベーカリー＆カフェ》

小さな駅舎を出て大きな川を越え、歩くこと15分。山の麓で緑を背負うようにして建つノコギリ屋根の古民家が、ベーカリーカフェ『ノコ』だ。扉を開けると、オーナーの佐藤さん夫婦がにこやかに迎えてくれる。

築60年の古い造りをいかしてリノベーションされた店内は、美しい木組みが印象的。その片隅に控えめに並ぶ天然酵母のパンは、どれもふっくらと丸みをおびていていかにもおいしそう。妻のえり奈さんが手間暇かけて焼いたパンを、夫の晋里さんが来た人へ嬉しそうに説明する。週末になると高校生の長女が手伝うこともあり、店内はいっそうアットホームな空気に包まれる。

もとは、アトピーだった子供のためできるだけ無添加のものをと焼きはじめたのがはじまり。生地を休ませてゆっくりと発酵を待つ時間。焼きあがりをおすそ分けした時のみんなの笑顔。えり奈さんにとってパンにまつわる全てが楽しく、いつしかパンがメインのカフェをオープンしたいと思うようになる。

夫婦でやろうと話し合ったことは1度もないが、妻の姿を間近で見てきた晋里さんが夢を共有するのは、自然の流れだった。ふたりで1日カフェを開いたりしながら店舗の候補地を探すが、どこもピンとこない。

暗中模索の物件探しだったが、運命の出会いは10年目に訪れた。近くでギャラリーを営む学生時代の恩師が、家具店の作業場として使われていた建物を紹介してくれたのだ。

「見た途端ふたりともビビッときました。アクセスが不便だとかいうよりも、この古い建物がもつワクワクする空気感に圧倒されたんです」。

それからすぐに晋里さんは建物のリノベーションや店のコンセプト作りに着手。えり奈さんはパンメニューの開発と新しいオーブンでの試作に没頭した。

そうして迎えたオープン日。店造りに協力してくれた恩師や地元の作家たちの口コミ効

入り口扉は、以前入居していた家具店『椿堂』が作成したオリジナル。「実りがあるように」と栗材を選んでくれたそう。

ノコギリ屋根からの柔らかな日差しが心地よい店内。ずっと工場だったため床は凹凸があり汚れていたが、穴だけ埋めてあとはそのままの風合いを残し、インダストリアルな雰囲気に。

横から見ると、屋根がノコギリの刃のようになっている。採光を安定してとれるため、昔の工場は多くがこのスタイルだった。今では稀少な存在。

果で開店前から行列ができ、1時間で全商品が完売する大盛況。その景気はひと月続いたものの、徐々に客足は落ち、半年経った頃には経営の危機を感じはじめる。

「商工会のコンサルティングを受け、のぼり旗を大通り沿いに立てたり、外部イベントに積極的に参加したりしました。のぼり旗はかっこ悪いと抵抗もありましたが、効果は大きかったですね」。

季節にあわせたパンメニューや冷たいデザートなどで売上が落ち込みがちな夏場も乗り切り、現在は平日30組、週末は45組と客足は順調だ。

結婚19年目のふたりだが、開業前はそれぞれ外で働いていたため、24時間一緒に過ごす生活は初めて。以前に比べ、意見のくい違いなどが増えたそうだ。

「これまでも子供の入院などいろいろな試練を夫婦で乗り越えてきました。絆というほど大層なものじゃないけれど、今回もぶつかったり修復したりを繰り返しながら日々を過ごしていきます。それよりも店をはじめて一番変わったのは、子供との関係。私たちが週末も家にいないので、ずいぶん自立しました」。

共にはぐくんできた大切なものが少しずつ離れようとしている現在。今度は『ノコ』という店を手にして、また一から新しいチャレンジをはじめる姿はきらきらと眩しい。そんなふたりとやさしいパンに会いたい人が、山の麓のノコギリ屋根を目指して、今日も明日もやってくる。

場所柄車で来店する人が多いので、店の近くには3台分の駐車場と駐輪場が用意されている。

カウンター横の小部屋は、サンドイッチなどの製造スペース。客席のテーブルは、同店のオリジナルデザイン。足の部分は、地元在住の鍛鉄作家に依頼した。

細部まで美しく、清潔なことにこだわる。古い建物はマメに手入れをしないと汚く見えるので、毎日1時間弱かけて隅々まで掃除をする。

1日約8kgの粉を捏ね、3、4種類の生地をつくる。北海道産の国産小麦が中心で、塩はカンホアの天日塩と、材料にこだわる。プライスカードは長女が描いてくれたそう。

天然酵母パンと ハンドドリップコーヒー

自然発酵種「ルヴァンリキッド」を使って焼く、天然酵母パンがメイン。ずっと他の酵母を使っていたが、オープン直前で「ルヴァンリキッド」と出会い、その旨みに感激して酵母を変更。そのため短期間で新たなレシピをつくらなければならず大変な思いをした。

パンに入れるあんこやクリーム、コンポートなども手作りにこだわり、20種類ほどのパンと焼き菓子の全てをひとりで作る。付近に洋菓子屋があまりないので、パウンドケーキなどテイクアウトできるお菓子も喜ばれている。

コーヒーは青梅の自家焙煎店『ねじまき雲』から仕入れた豆を、晋里さんがその都度ハンドドリップ。パンや焼き菓子との相性が抜群だ。

パン作りに必要なドゥコンディショナーやニーダー、オーブンなど大きな機械があるため、厨房は8坪弱と広めにとった。

ゆぎドッグ380円。店の住所である柚木町から名付けたホットドッグ。『大多摩ハム』の粗挽きソーセージとたっぷりのさらし玉ねぎを、パリッとした自家製ライ麦パンではさむ。

濃厚チーズケーキ400円。えり奈さんが母親から受け継いだレシピ。口溶けの良いスフレ生地に甘酸っぱいサワークリームがのった2層仕立てで、一番人気のデザート。コーヒー500円。

ベリーのチェ500円。自家製あんことチアシード、アイス、ココナッツミルクなどが重なった、パフェのようなベトナムデザート。流行のチアシードに興味をひかれ、注文するお客も多い。

店での役割分担

えり奈さん
パン・デザートの作成

晋里さん
ドリンク、サービス、事務

1日のスケジュール

3:00	起床
4:00	入店。パン・菓子の仕込み（えり奈さん） 掃除など開店準備（晋里さん）
5:00	自宅へ戻り、掃除や子供の朝食準備 など家事、事務作業（晋里さん）
10:00	店舗へ戻り、開店準備（晋里さん）
11:00	開店
16:00	閉店、片付け
18:00	帰宅。夕食準備や家事（えり奈さん）
21:00	就寝

開業までの道のり

2004年	店をはじめたいと思う
2014年5月	物件を見つける
2014年9月	物件契約、工事着工
2014年11月	オープン

物件契約は工事着工まで待ってもらえた。

開業資金

1180万円

内訳：内外装費680万円、厨房機器300万、備品類100万、運転資金100万

日本政策金融公庫からの融資が65%。

店舗レイアウト

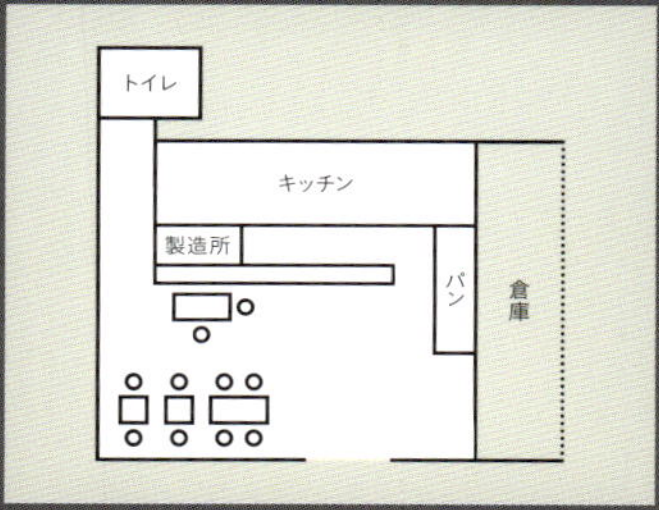

18坪（プラス倉庫18坪）・**10**席

設計：キッチンのみ設計事務所に依頼し、他はギャラリー店主の山田隆志氏がプロデュース。晋里さんが地元の職人や友人とともに仕上げた。

noco　BAKERY & CAFE
住所：東京都青梅市柚木町2-332-2
　　　二俣尾駅から徒歩14分
電話：0428-27-5456
営業：11:00—16:00
定休日：火・水曜
http://noco.wpblog.jp

オーナー 瀧井《たきい》 りえこさん 智宏《ともひろ》さん

やさしい味わいのベトナム家庭料理店

15

nôm cà phê《ノム カフェ》

「ここは疲れたとき来たくなる店。やさしいけれど満足感のある料理と、ご夫婦の人柄に癒やされるんです。年齢問わず誰に勧めても喜ばれるから、重宝しています」と、常連客がうれしそうに語る。

　オープンして2年半。すっかり地元にも馴染んでいるが、これまでの道のりは決して順調とは言えなかった。

　もとは同じアパレル会社に勤めていたふたり。いつか自分たちのセンスを生かして独立しようと話していたが、具体的にはまったく決まっていなかった。その糸口が見つかったのは、休暇で訪れたベトナム。

「とにかく食事がおいしい。野菜とハーブがたっぷりだから、どんなに食べても翌日はすっきり。辛くて刺激的というエスニック料理のイメージがガラリと変わりました」

　すっかり魅了され、休みの度に渡航してはベトナム各地を食べ歩く。自宅でも頻繁にベトナム料理を作るようになり、友人をもてなすうち、ケータリングを頼まれるほど腕前は上達する。

　初めてのおいしさだと喜んでくれる周囲の声に背中を押され、ふたりはベトナムカフェを開くことを決意。まずはりえこさんが会社を辞めカフェに転職し、飲食店のノウハウを学びながら空いた時間をメニュー開発に費やし、独立に向け踏みだした。

「シンプルながらアンティークを配置した空間で、ひとりでも落ち着ける店」を目指し、センスを共有できそうな施工会社に依頼。スムーズに工事は進み、無事オープンをはたす。

　しかし思ったようにお客は集まらず、仕込んだ料理も残ってしまう毎日。慣れない仕事に経営不振とさまざまな要因が重なり、心身の疲れは蓄積していく。

「これ以上借金するのは嫌だし、早く店をたたんで実家に戻り、リセットしたかった」とりえこさんが振り返ると、

「僕は今やめるのはダメだ、とにかく1年はがんばろうと言い続けました。けれどがんば

白いタイルに、赤いベトナム国旗の旗が目印。カラフルなエスニック調ではなく、ひとり客もゆっくりごはんを食べられるよう、すっきりシンプルな店構えを目指した。

スケルトンの状態で契約した物件。内外装は、前職でつながりがあった施工会社に依頼した。飲食店の経験も多く、仕事が早かったためいろいろ助けられたそう。ライトや椅子などは施主支給。

入口脇では作家のアクセサリーも並ぶ。

っても結果がついてこないし、お金がからむと夫婦ゲンカも深刻。想像と違うと、ずっと焦っていました」と智宏さんが続ける。

　まもなく1周年を迎える頃、この状況をなんとかしなくてはと賭に出る。

「お金もない中、ベトナムへ仕入れの旅に出たんです。最後のチャンスだと雑貨や食器を買い付け、いろんなメニューを食べて研究してきました」。

　帰国後は雑貨販売イベントや近所の飲食店とのコラボレーション、新メニューの開発など積極的に動く。それらが実を結び、2年目でようやく赤字から脱却できた。

「そうは言っても、まだ余裕はないです。以前はシーズン毎に新しい洋服を買いに出かけていたけれど、今は入ったお金は食器や店のインテリアに使いたいし、余った時間は休息に充てたい。いろんなものが必要でなくなりました」とすっきりした表情でふたりは語る。

　今後の目標をたずねれば、いずれ2店舗目を出したいと言う智宏さんと、ここだけで充分と断言するりえこさん。

「また意見が違ったね」と笑いあう様子は、なんだか楽しそう。

　結婚8年目。店をはじめてからケンカはずいぶん増えた。原因はほぼ仕事のこと。来てくれる人に満足してほしい、もっといい店にしたい、真剣に考えているからこそ衝突する。じっくり丁寧に煮込んだ鶏出汁や、手の込んだ自家製調味料を食べればふたりの熱い気持ちは伝わってくる。

「本音をぶつけ合うことで、お互いをより深く理解し、信頼できるようにもなりました」。そう微笑む姿に、夫婦の絆を感じる。

　からだにやさしく、心あたたまるおいしさ。ベトナムでふたりが感じたファースト・インプレッションはそのまま、ノムカフェで再現されているのだ。

ベトナムで仕入れた雑貨や食器を販売。どれもリーズナブルな価格設定。

1 | 2

1. トイレは手前にカーテンを取り付け、客席との距離をとった。女性客への細やかな気配りを感じる。
2. ガイドブックなどベトナム関係の本も多数揃う。同店をきっかけにベトナムを訪れたお客もいる。

ベトナムしゅうまい定食1,080円。日本のしゅうまいとは違って、皮なしの肉団子をトマトソースで煮込んだもの。ジャスミンライス、スープ、小鉢がセットになる。小鉢は随時変わるが、撮影時はベトナム風きんぴら、春雨とひき肉入りオムレツ、パクチー入りポテトサラダ、きのこのサテーマリネ。『サテー』とはレモングラスとにんにくがベースの奥深い味の調味料で、自家製にこだわっている。

厨房はふたりが入れるよう広めにとった。厨房機器の手配も施工会社に依頼。

ヘルシーで心あたたまるベトナム料理

ベトナムの蒸留酒やビールなど、アルコールも揃っている。

現地で食べ歩いたベトナムの「普段のおかず」がメイン。オープン当初は「フォー」などの王道メニューはあえてのせていなかったが、お客からのリクエストが多く、つくるようになった。
しょうゆやみりんなど日本の調味料は一切使用せず、ベトナムのものだけで仕上げるのがこだわり。ベトナム料理自体辛さがなくやさしい味わいで、パクチーなどクセがあるものは別添えにできるため、子供やお年寄りも大丈夫。時間を問わずにちゃんとしたごはんを食べられる店でありたいと、定食は昼夜で価格を変えずに提供する。

鶏肉のフォー900円。国産の鶏肉と野菜から丁寧にとった自家製のスープがしみじみおいしい。濃厚な出汁にするため、鶏ガラではなく贅沢に鶏肉を使うのがポイント。

バインフラン400円。クラッシュアイスとコーヒーをかけた、ベトナムプリン。やさしい卵の甘みに、カラメルとコーヒーの苦みがプラスされた大人の味。

練乳入りベトナムコーヒー500円。たっぷりの練乳の上に濃いコーヒーを抽出する、ベトナムの伝統的な飲み方。コーヒー豆もベトナムのものを使用する。

店での役割分担

智宏さん
料理

りえこさん
サービス

1日のスケジュール

8:30	入店、昼の仕込み、買い出し
11:30	開店
16:00	いったん閉店。まかない、洗い物、夜の仕込み
18:00	夜の部の開店
21:30	閉店。片づけ、掃除。
23:00	帰宅

仕込みや買い出し、家事などの担当は特に決めておらず、手の空いた方がやる。

開業までの道のり

2011年	開業を考えはじめる
2013年12月	物件を探しはじめる
2014年2月	物件を見つける、契約
2014年3月	施工開始
2014年4月	オープン

開業資金

600万円
内訳：内外装費400万円、仕入れ・備品類120万円、物件取得費80万

店舗レイアウト

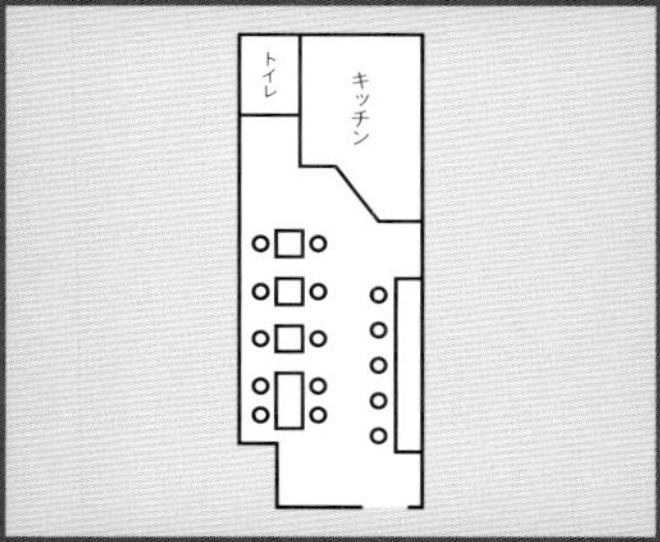

10坪・**15**席
設計施工：マチスデザイン

nộm cà phê
住所：東京都杉並区西荻北2-1-8
西荻窪駅から徒歩5分
電話：03-5311-5854
営業：11:30—16:00（L.O. 15:00）、
18:00—21:30（L.O. 21:00）
（水曜は11:30—16:00のみ）
定休日：木曜
http://nomcaphe.net

オーナー 松村《まつむら》 敦《あつし》さん えりさん

楽しいスパイス使いで、みんなをスマイルに！

16

cafe《カフェ》 spile《スパイル》

店名の『spile《スパイル》』とは、spice for smileを意味する。「大好きなスパイス料理でお客さんを笑顔にしたい」という想いからうまれた、ふたりの造語だ。

　全てのメニューに何かしらのスパイスが入っているが、どれも隠し味として使われているため、ひとくち食べただけではその存在に中々気付かない。けれど食べ続けるほどに後をひき、同店をきっかけにスパイスに興味を持つ人も多いそうだ。

「お客さんからのリクエストで、オリジナルのミックススパイスも販売しています。なんてことない家庭料理もスパイスひとつでよそゆきの味になるのがおもしろい」とオーナーの松村敦さんとえりさんはにっこり笑う。

　アンティーク雑貨や古道具が飾られるフレンチシックなインテリアで、落ち着いた雰囲気の『カフェスパイル』。だが最初は夫婦の趣味であるバイクをテーマに、ライダーたちが集うリゾートペンションをつくりたいと、長野や山梨へツーリングに行っては物件探しに明け暮れていた。しかし様々な宿を見るうち、観光シーズンだけ忙しいペンションよりも、常に多くの人を受け入れるカフェに気持ちが切り替わっていく。

「物件探しも6年目に入った時、このままではいつまでたっても開業できないと会社を辞め、自分たちの逃げ場をなくしました。ほどなくして見つけたのが今の物件。駅から近いのにちょっと隠れ家的なところが気に入りました」。

　内装の監修は以前からファンだったデザイン会社に依頼しつつ、解体や塗装は自分たちで手掛けた。約半年間の工事は注目を集めていたようで、オープン初日から近隣客に恵まれたが、飲食店経験がなかったため手順が分からず、常に大わらわだったそう。

　そんな状況を見かねたのか、半年ほど経って常連客のひとりがアルバイトに立候補してくれた。新メニューの開発やイベントなどやれることが一気に増え、自分たちも楽しむ余

大通りから1本入った、住宅と小さな店が混在する落ち着いたエリア。

26席の広々とした店内は、紅茶専門店の居抜き物件。床は貼ってあったプラスチックタイルを剥がして磨き、使い込まれた雰囲気に。男性も入りやすいようアイアンなどどっしりした素材を多用し、インダストリアルな雰囲気をプラスした。23時まで営業するため、照明も多め。個性的なライトは、『ザ・グローブ』『無相創』などで購入したものが多い。

店の象徴として飾られるスパイス。見せ方次第でこんなにおしゃれに。

入口近くに置かれる、映写機や扇風機、薬瓶など古いものたち。店の雰囲気をつくるアイテムだ。

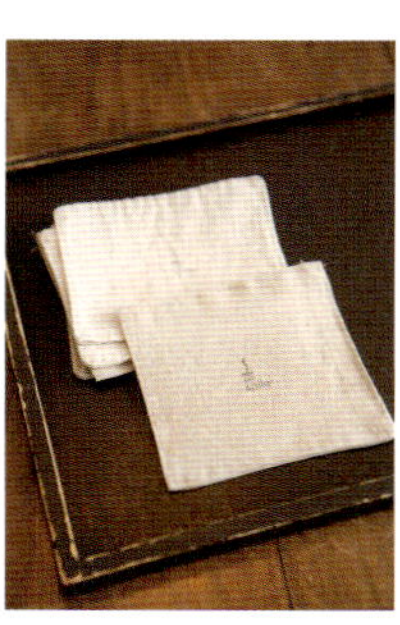

コースターやトレーは手作り。

裕が出てきた。

「最初はカフェ好きな若い女性がメイン客でしたが、2年目からは食事がしっかりとれる店として認識されて、中高年の方も多くなりました。男性ひとりや女子会などさまざまな使い方をしてもらえ、やっと理想に近づいてきたように思います。経営がもっと安定したら、別のタイプの店を造ってもいいかな」。

仕込みが終わらず店で寝る時も「キャンプみたいだね」と笑いあったり、洗い場にお皿が山積みになった時も「記録的な量！」と写真を撮ってみたり、ピンチを前向きに楽しめるふたり。出会ってから今まで、ケンカもほとんどしたことがない。

「イライラした時は会話しないのが秘訣。相手にぶつけてもいいことはないから、ひとり言でストレス発散します（笑）」。

店が終わり、一緒にバイクで帰宅する頃にはたいてい仲直りしている。

「信頼関係がないと2人乗りはできませんから。これが最高のリフレッシュで、オンとオフを切り替える時間でもあるんです」。

仲の良いふたりが醸しだすハッピーであたたかな空気。それこそが、来た人をスマイルにする最高のスパイスなのだ。

1 | 2

1. アイアンのコートラックとハンガー。和歌山にある工房でオーダーしたもの。
2. トイレの洗面も、オーナーお気に入りの場所。船で使われていた部品を利用したランプや、古い蛇口など、細部まで凝っている。

通りに面したカウンター席は、ひとり客に人気。窓枠やドアは、アイアンに見える塗料を自分たちで塗装した。

ランチセット　車麩のフライ970円。越後の4重巻き車麩を、鰹出汁と醤油ベースのタレで味付けした、人気のプレート。添えられたレモンマヨネーズや副菜にも、スパイスが使われている。ランチは唐揚げやカレーなど6種類を用意し、うち1種が週替わり。どれもボリューミーで食べ応えがある。

バリエーション豊かな　スパイス料理

料理は敦さん、デザートとドリンクはえりさんが担当。料理上手な母親の影響で、昔からキッチンに立つのが好きだったという敦さん。イタリアンやスパイス料理のスクールに通い、腕を磨いた。

メニューはランチにディナー、オーブン料理にアルコールまで、100種以上を用意。オープン時はミニマムなメニューだったが、試作が楽しくていつの間にか増えていったそう。夜はパーティープランがあり、女子会などの利用も多い。食器は全て群馬県の陶工房にオーダーメイドしている。食べやすさにも配慮したプレートは、どれもぬくもりがあって料理をよりおいしそうに見せる。

お客のリクエストから販売することになった、オリジナルブレンドの「スパイスソルト」。どんな料理にも使いやすい。

ラッピングされたテイクアウト用の焼き菓子。店内でも食べられる。焼き菓子にも、もちろんスパイスが入っている。

チャイ550円。クミンやシナモンなど6種類のスパイスをミックスした、個性的な味。リピーターの多い一品。

ガトーショコラ620円。どっしりと濃厚なチョコレートに、クローブと黒胡椒のスパイスがアクセントとなった、大人っぽいケーキ。

店での役割分担

敦さん
料理、事務、web

えりさん
サービス、デザート、ドリンク、企画

1日のスケジュール

9:00	起床
10:30	入店。仕込みと開店準備
11:45	開店。営業中、様子をみて仕入れと仕込み
23:00	閉店。掃除
24:30	帰宅
26:30	就寝

開業までの道のり

2005年	ペンション経営の夢をもつ。1週間の旅館住込み研修などを体験
2011年夏	都内でのカフェ経営に路線変更
2011年12月	物件を見つける
2012年1月	物件契約。施工開始
2012年6月	オープン

開業資金

770万円

内訳：設計・施工費280万円、厨房機器140万円、備品類150万円、運転資金200万円

店舗レイアウト

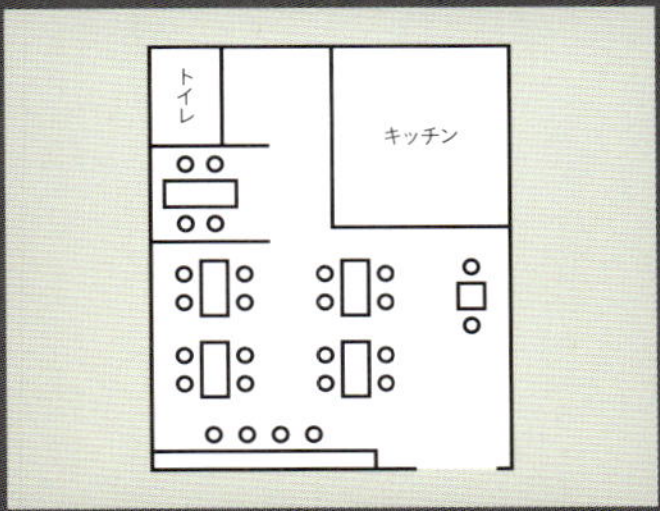

15坪・**26**席

設計・インテリア監修：アトリエ・サジロ
内装工事：樋口工房

土台はプロに頼んだが、解体や廃材処理、壁塗り、床処理など多くは自分たちで行った。

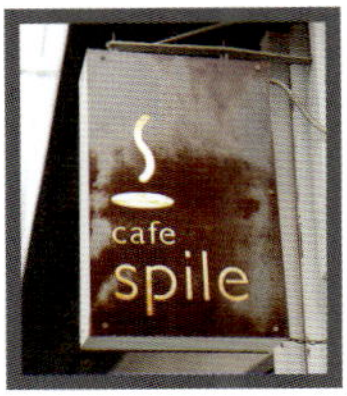

cafe spile
住所：東京都杉並区阿佐谷南3-4-22
　　　阿佐ヶ谷駅から徒歩6分
電話：03-6317-7282
営業：火曜〜土曜11:45—23:00、
　　　日曜11:45—20:00
定休日：月曜（祝日の場合は翌営業日）
http://cafespile.com

オーナー 菊池《きくち》 恵子《けいこ》さん 稔《みのる》さん 岩井《いわい》 康子《やすこ》さん

自宅兼店舗で無理せず楽しむ、カフェライフ

17

Roof Okurayama《ルーフ オオクラヤマ》

駅からほど近い高台の閑静な住宅街で、大きな木に守られるようにして建つ瀟洒《しょうしゃ》な一軒家。『ルーフオオクラヤマ』は、菊池恵子さんがフード、稔さんがドリンク、そして娘の康子さんがデザートを担当する、家庭的な雰囲気のカフェだ。

菊池さん夫妻は共に建築士の資格を持ち、長らく建設業界で働いてきた。退職後、心機一転異業種へのチャレンジだ。

「ここはふたりで設計した、こだわりの家。高台なので眺めもいいし、たくさんの人を招きたいと思ったのが、自宅カフェを志すきっかけでした」と振り返るのは、妻の恵子さん。いつかは、と公言し、パン教室に通ったりカフェを巡ったりと準備していたものの、周囲は冗談だと思い真に受けなかったそう。

タイミングが来たのはそれから10年後。娘の康子さんが妊娠を機に仕事を辞めることになり、今なら家族3人で開業できるとふたりを説得した。

当時稔さんは既に会社を引退し、趣味の登山やスキーを楽しむ悠々自適な日々を過ごしていた。

「これまで家事は全くせず好きなことをしていたから、妻に付き合おうと覚悟しました(笑)。遊ぶ時間は少なくなるけれど、新しい世界に興味もあるしね」と快く受け入れた。

一方の康子さんは、学校を出てからずっとレストランやカフェで働いてきた飲食のプロ。「両親は全くの初心者。ハードな飲食業は無理だと思いましたが、やりたいなら頑張ればと、私は一歩引いたスタンスでした」。そうクールに言いつつも、簡単に出来るドリンクレシピを考案したり、サービスの基本や宣伝に欠かせないＳＮＳの操作を教えたりと、出産をはさみながらも両親をひっぱる役割を担った。

飲食店営業許可を取得するため1階とテラスをリフォームし、近隣住人にも事前に説明会を実施。25年間住み慣れた自宅が、カフェとしてオープンした。

店内外に、多肉の寄せ植えが並ぶ。恵子さんの弟が主宰する『La gouttelette』のもので、販売もしている。

三角の屋根と、大きな木が目印。

外の広々としたテラス席。毎朝稔さんが念入りに掃除をし、お客を迎える支度を整える。

赤ちゃん連れのお客のために、絵本や木のおもちゃも用意。中には康子さんが幼児の頃に遊んでいたおもちゃも。

大きな窓からの眺めが気持ちいいカウンター席。ゆっくりと長い時間くつろぐお客が多い。

康子さんは0歳の娘を連れての出勤。子守と営業を同時進行できるのも、親子3人だからこそ。

「その様子を見ているからか、赤ちゃん連れの常連客も多いです。若いお母さんから相談を受けることもあり、孫が増えたようでうれしいですね」と恵子さんはやさしく微笑む。

夫婦ともに60代に入ってからの開業だ。

「オーダーやレジ打ちを覚えるのは大変だし、立ちっぱなしで疲れるし、現実は厳しい。でも子どもが巣立ち会社も辞めたら、張り合いがなく落ち込んでいたと思うのですが、今はお客さんから刺激を受けて、毎日が充実しています。カフェをやる体力がなくなったら雑貨店にして、できる限り続けていきたいですね」と話す。

そんな両親を見ながら「以前は3人が同じ家に住んでいても、私は夜型の生活で顔を合わせることも少なかったんです。でも店をはじめてからは共通の話題が増え、一緒に外出することも増えました。親孝行も出来ているんじゃないかな」と笑う康子さん。

何度もプランを練り直して、自ら設計した理想の家。ここで子どもが産まれ、育ち、やがて賑やかだった時代が過ぎて静かな暮らしの場となった。

そしてカフェとなった今。ふたたび家族が集まり、お客をもてなす場所として笑い声が響くこの家には、新しい風がやさしく吹いている。

1
2

1. 店内は靴を脱いであがるスタイルなので、赤ちゃんがハイハイしていることも。特に下にラグが敷かれているソファー席は、子ども連れのお母さんに人気。
2. 入口脇の本棚では、ネットの古書店『フローベルグ』がセレクトした本を委託販売する。イベントや季節に合わせて入れ替わる。

雑貨販売コーナーには、知人の陶芸家の作品や、木製カトラリー、ガラス製品などが並ぶ。

好きなワッフル2点と飲み物のセット1000円。塩味のワッフルサレと、甘いリエージュワッフルの2種類がある。紅茶はセイロン紅茶専門店『ミツティー』から仕入れる。

天然酵母のワッフルとピザ

「簡単に出来ておいしいものを」と長年習っているパンの先生に相談して、二次発酵のいらないワッフルとピザをメインにした。どちらも国産小麦と天然酵母を使用し、長時間発酵させたもの。

メニュー数が多いと覚えるのが大変だからと、自分たちが気に入ったものだけに厳選。それだけに、ワッフルは中にフィリングが入っていたり、ピザは注文を受けてから生地をのばしたりと、どれもこだわりがある。

お昼から15時頃までが来客の多い時間帯。ほぼ女性客なので、ボリュームよりもヘルシーさや見た目のかわいらしさがポイントだ。卵や乳製品を除去した、幼児向けメニューも一部用意している。

キッチンは使い慣れたスタイルがいいと、シンクの入れ替えくらいで済ませた。

康子さんがつくる、アイシングクッキー。康子さんが講師となり、時々ワークショップも開催する。

お子様用玄米パンと万能茶、各200円。パンはバター・卵を加えずにつくる、もっちりした食感。

はちみつレモンのシフォンケーキ430円。季節によってフレーバーが変わる。

マルゲリータピザ700円。オーブンで高温短時間サッと焼く。モチモチした生地がおいしい。

店での役割分担

恵子さん
料理、web

稔さん
ドリンク、サービス、仕入れ、
掃除、事務

現在康子さんは子どもを保育園に預け、近所のケーキ店で働くが、ケーキの作成と、恵子さんが不在の水曜日は同店に出勤する。

1日のスケジュール

7:00	起床。
8:30	掃除（稔さん）、仕込み（恵子さん）
10:00	仕入れ（稔さん）、デザート作り（康子さん）
11:00	開店
18:00	閉店。掃除（稔さん）、 仕込み、家事（恵子さん）
23:00	HP更新（恵子さん）
24:00	就寝

開業までの道のり

2003年	自宅兼カフェを目標にする
2013年2月	リフォーム開始
2013年5月	完成
2013年9月	オープン

開業資金

1000万円

内訳：リフォーム700万円、家具・厨房機器200万円、備品類100万円

店舗レイアウト

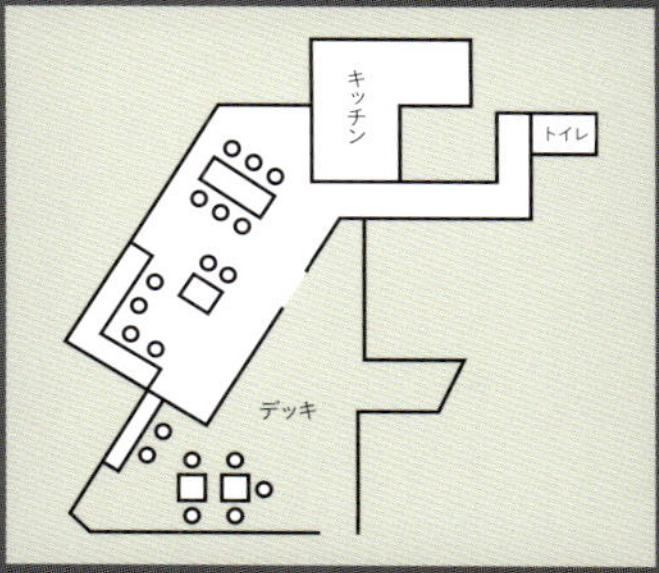

8坪（店内）・店内**12**席　テラス**7**席

施工：東栄建設工業（株）

設計は自分たちで、施工は恵子さんが勤務していた会社に依頼した。

Roof Okurayama

住所：神奈川県横浜市港北区大曽根1-2-2
　　　大倉山駅から徒歩4分

電話：045-716-9063

営業：11:00—18:00 *予約で時間延長可能

定休日：日・月・木曜

http://www.okurayama-roof.com

A QUARREL

ケンカの傾向と対策

どんなに仲がよい夫婦でも、一緒に仕事をはじめてから
ケンカが増えた、というのはよくあること。
それまでは気にならなかった相手のささいな言動や、
仕事に対する姿勢がプライベートとは違うことについイライラ。
いつもならひとりで頭を冷やして謝れるケンカも
24時間一緒にいるとリセットのタイミングがつかめず、
店内にはなんとなく不穏な空気が流れ…。
お客に伝わり経営に影響が出てしまうなんてことも、充分ありえます。

お店をオープンした直後は、友人や地域の人がお祝いに訪れ
「オープン景気」として賑わいます。
その波がいったん落ち着き、思ったように集客ができない頃が
一番ケンカになりやすいようです。
このままでは売上がたたないという不安や、
慣れない仕事の疲れなどが蓄積し、
心の余裕がなくなるとつい一番甘えられる人に当たってしまう。
これはカフェオーナーに限らず、仕事をする人なら誰もが
思い当たるのではないでしょうか。

2年目以降になると自然にルールがうまれ、
ケンカも少なくなる傾向があるので、この時期の言い争いは
「お互いをより深く理解し合い、公私のパートナーになるための通過点」
と前向きに捉えるとよいかもしれません。
お互いが納得するまでじっくり話しあったり、
ストレスがたまったときは各自の解消法でリフレッシュしたり、
できるだけ長引かせないことがポイントです。

次のページでは「家族で店を続けるコツ」をご紹介します。
関係を円滑にするコツやケンカになったときの対処法など、
オーナーの具体的な体験談はきっと参考になるはずです。

お互いの意見を尊重しつつ、たくさん会話をする。

いずん堂

① 店の仕事も家事も育児も、２人でやる。
② つい嫌なところが目につきがちだけど、自分にはない相手のよいところをたまには褒める。
③ 「ごめんね」と「ありがとう」は言葉にして伝える。
④ どんな小さなことも共有する。
⑤ 休日はそれぞれがひとりの時間をとる。
⑥ お客さまにはもちろん、夫婦間でも優しさ、思いやり、気遣いの心をもつ。

イタリアごはんとおやつcurari

いつも一緒にいるとコミュニケーションが希薄になりがちなので、どんな時も「伝える」ことを意識する。そのためには、思いやりの心や愛が大切。

MISORA cafe

お互いを尊重し、ふたりが仲良くすること。
そうしないと料理の味も、とがってしまう。

café 1g

仕事や店というより、まずは一個人としてお互いを認めること。
認めあっていれば仕事も信頼してできるし、意見が異なる時もきちんと話し合え、結果が自分の意見にならなくても納得できる。

BORTON

① オンとオフのメリハリをしっかりつける。
② 共通の趣味を楽しむ。
③ 常に同じ目標を持つ。

4/4 SEASONS COFFEE

「手を抜く時間」をつくること。仕事と家庭の区別がつきにくいので、休みの日は思いきり遊んだり、おいしいものを食べたりすることで、生活のバランスがとれている気がする。
私たちの場合は仕事の分担をしっかり分け、お互いを信じて任せているのもコツかもしれない。

ノチハレ珈琲店

同じ目標をかかげ、それに向かって一緒に仕事をしていくこと。仕事上のケンカは店をよくしていくものなので、しっかり話し合ってプラスにする。
また、ふたりともベトナムが大好きなので、ずっとその話をしていても問題がないのも、よいのだと思う。

nộm cà phê

それぞれの役割をはっきりさせ、尊重する。

iijima coffee

休日はそれぞれが好きなことをし、リフレッシュする（うちの場合は夫は家でごろごろ過ごし、私は山へ行く）。
あとは相手が疲れていそうな時は声をかけ、機嫌が悪いときはそっとしておくといったように、思いやりの心を持つ。

HUTTE

お互いに完璧を求めないこと。

ホットケーキつるばみ舎

① 各自の特技や経験をいかし、きちんと役割分担を決める。
② 店ではビジネスパートナーとして、家では家族として、公私の区別をつける。
③ なによりもお互いが尊敬と思いやりの心を持つ。

cafe spile

何かを決めるとき、一気にたたみかけるよう、とことん話しあう。
どちらかが疲れている時や完全に休憩モードの時だとイライラしがちなので、タイミングも大切。
また、相手の仕事の立場や状況を思いやりながら話さないと、家族の口調での言いあいになりがちなので、気をつけるようにしている。

tama cafe

なんでも思った時にすぐ伝えあう。ひとりで（ときには一緒に）お出かけをする休息日をつくる。

いな暮らし

オープンしてから5年になるが、営業後も休日もずっと一緒にいて、友人も共通。そういう毎日の積み重ねが長続きのコツになっているのだと思う。

istut

「夫婦」というつながりと信頼のもと、各自が店のために出来ること、したいこと、守りたいことを考え、取り組む。その上で、相手の仕事ぶりや得意なこととそうでないことを受け入れ、尊敬しあうこと。

食堂・音楽室 アルマカン

目標を合わせ、譲りあって協力していくこと。
なにより健康に気をつけ、体力をつけること。

Roof Okurayama

「たくさんの人に愛される店にしたい」という共通意識があれば、多少意見が合わないことがあっても、前へ進んでいける。

noco BAKERY & CAFE

ふたりの仲良しエピソード

ご夫婦でカフェを営むおふたりは、写真を見ても感じると思いますが、みなさん雰囲気がよく似ています。

長い時間一緒にいて同じものを食べていると、自然にそうなるのかもしれませんね。

そしてみなさんとても仲良しで、時には相手の話につっこみをいれたりしながらも、
ふたりの間にはあうんの呼吸が感じられました。

こちらでは取材時に聞いた素敵なエピソードの一部をご紹介します。

読んでいるだけで、にっこり幸せな気分になれます。

「これまで一度もケンカをしたことがないほど仲がよいのですが、僕らは仕事でもこんなに相性がよいのかと、びっくりしています」
MISORA cafe

「店をはじめてからは毎日がふたりにとって記念日みたいなものだし、気持ちを交換しあえる」

istut

「妻は努力家で、才能もある」
tama cafe

「毎晩二人乗りバイクで帰ります。信頼関係がないと、二人乗りは出来ないんです」
cafe spile

「例えケンカがあったとしても、夫婦で一緒にいる時間が幸せ」

HUTTE

「家族にも店にも笑顔と愛情を注いで、もっと楽しくしていきたい」

いずん堂

「夫は日を追うごとに器が大きくなって、ますます頼もしい存在です」
iijima coffee

「ふたりでお酒を傾けながら食べる晩ごはんが、何よりの楽しみ」

ホットケーキつるばみ舎

「店をはじめて、夫のことがもっと好きになりました。毎日『好き』が更新中です」
café 1g

「昔から妻のセンスを尊敬しているし、信じています」
イタリアごはんとおやつ curari

インテリアのIDEA・3

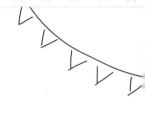

センスを感じるアイテム編

3 | 2 | 1
5 | 4

1. コインやダイアリーなど、旅を連想させるアイテムが並ぶ。（食堂・音楽室 アルマカン）
2. 鳥のフォルムがかわいいシュガーポット。長野県上田市の民芸品で、お客からも人気。（ホットケーキつるばみ舎）
3. 水はセルフサービスで。横の小さなゴミ箱がユーモラス！（4/4 SEASONS COFFEE）
4. 自転車置き場の目印看板も、チャーミング。（noco BAKERY & CAFE）
5. くすんだドライフラワーとハッキリとした色のスツールの対比は、計算された美しさ。（istut）

親子でつくるカフェ

母と娘が一緒に営むカフェ事例。

オーナー 鈴木《すずき》 ともみさん 萌《もえ》さん

食べよう、話そう、つくろう。地元の「いいもの」を紹介するコミュニティカフェ

18

いな暮らし《いなぐらし》

縁側《えんがわ》で風を感じながらごはんを食べる老夫婦、ちゃぶ台の横でハイハイする赤ちゃん、両親の隣で宿題をする小学生。ここはさまざまな年代の人たちがくつろぎ、時には言葉を交わしながら過ごせる場所。

「もうひとつの家のような存在になっていたらうれしいですね」。そう話すのは稲城に移り住んで約30年という鈴木ともみさん。長女の萌さんとともに、古い一軒家で『いな暮らし』を営む。

出産を経験した20代の頃から、ともみさんの夢は「誰もが安心して集まれる場所をつくる」こと。育児や仕事で忙しく後まわしにしていたが、２０１１年の東日本大震災をきっかけに「やりたいことは今やらなくちゃ！」と一念発起、自宅のガレージで地元商品の販売所『いな暮らし』をはじめる。

木箱の上に無農薬野菜や天然酵母パンを並べただけだが、近所の人たちが立ち寄っては言葉を交わすコミュニティスペースになった。しかしひとりでやれることは少ないし、屋根がないためオープンは天候次第。理想に近づけるため、いったん活動を休止して考え直すことにした。

「手応えはあったものの、スタイルを変える必要があると感じて…。地方でひとり暮らしをしている萌に相談したんです」。

「電話を受け、反射的に一緒にやろうと言いました。母の活動に共感していたし、生まれ育った稲城のことをもっと知りたいと思っていたところでした」。

当時萌さんは看護を学ぶ大学院生。地域の拠点となる「学生カフェ」を仲間と運営するなど多忙な日々を送っていたが、無理がたたって体調を崩したこともあり、母からの電話をきっかけに実家へ戻った。

ほどなくして今の古民家物件と出会い、母娘ふたりで再スタートをきる。

川も里山もあって農作物も豊富。自然豊かで個性的な人も多い稲城の魅力を発信したいと、同店ではマルシェ、味噌作り、音楽会、ヨガ、トークショーなど多様なイベントを頻繁に企画する。

インテリアはともみさんの役割。「母は私よりずっとセンスがいいんです」と萌さん。什器や家具は、もともとこの家にあったものや、建て替えが決まった小学校から譲ってもらったものなどでまかなった。

住宅街にあるごく普通の民家だが、大家さんがともみさんの想いに共感して貸し出してくれた。2階には石をつかった予約制のセラピールームがある。

『食べる・話す・つくる』に関することなら何でもやってみたい。ふたりとも好奇心旺盛で好きなことも似ているし、公私で一緒だから話しも早い。時には参加者が少ない日もありますが、イベント後は必ず何らかの気付きがあるし、単純に楽しい。私たちへこたれないんですよ」と笑いあう。

そんな明るいふたりを慕って、店が忙しい時には洗い物や配膳を自発的に手伝ってくれる、「お勝手さん」と呼ばれる人たちがいる。一緒に働くことでレシピをシェアしたり、イベントの運営を託したりと、身内のような存在だ。

「この店でみんなが自己表現できるといいなと思っています。あとは親子だと近すぎて煮詰まってしまう時もあるのですが、お勝手さんのおかげでいい距離感を保てるんです」というともみさんの言葉に、萌さんは「空気をかき混ぜてくれるんだよね。お勝手さん以外にもこの街には子育て中のママや個人店主、農家のおじさんなどたくさんの頼れる人たちがいて、とっても居心地がいい。家族と共に仕事をして、心も身体も元気になりました」と続ける。

「店をはじめてから自分の料理やこの場所をほめてもらう機会が増え、ようやく自己肯定ができるようになったんです。当初は開業に反対していた夫も今は植物の手入れをしてくれるし、第2子を妊娠中の次女も相談相手になってくれるし、萌は頼れる存在になったし…。家族の大切さを再確認できたことも、大きな収穫。最近は孫の代まで『いな暮らし』をつなげていけたらって考えています」ともみさんはそう言って隣を見やる。

実は萌さんは、店がきっかけで出会った男性と近々入籍する。写真とデザインを仕事にしており、公私でのパートナーとなる。

「最近新居に引っ越したのですが、母がよく口にする『暮らしとつながっている仕事』という言葉の意味を実感しています」。

一緒に食べて話して、手を動かして。生きる上で大切なことを、何気ない日々の生活で見つけ、伝える。いな暮らしのスピリットは、こうやって次の世代に引き継がれていくのだ。

萌さんと妹さんが昔遊んでいた木製のおままごとセットや椅子などが、再び活躍している。靴をぬいであがる客席で、赤ちゃん連れのお客が多い。

1. 庭の木がのぞめる、気持ちのよい縁側席。
2. 昭和を感じる台所。奥行きがあり、お勝手さんが入っても充分な広さ。

1
2

次女に卵と乳製品のアレルギーがあったことから、食にこだわりはじめたともみさん。マクロビオティックとはうたっていないが、基本的に動物性の食材は使わず、地元の新鮮野菜をたっぷり使って仕上げる。
フードはモーニングとランチの2種。ランチはごはん、汁物、おかず5、6種類の盛り合わせ。揚げ物を加える、調理法や調味料を変えて味のメリハリをつけるなどの工夫で、男性でも満足できるプレートになっている。食材も調味料も、自家製のものや旅先で出会ったものなど安心で安全な「顔の見える関係」を大切にしている。

季節の果物はジャムやシロップにして、保存食に。

季節の野菜たっぷり日替わりごはんランチ1200円。撮影時は、じゃがいもと豆の味噌コロッケ、ひじきとゴーヤのにんにく生姜炒め、いんげんと紫玉ねぎの塩麹和え、人参とゴボウのバルサミコきんぴら、かぼちゃとパプリカのサブジ、蒸しナスの甘酒バンバンジーソース。おかずはその日のうちに食べきり、翌日はまたゼロからつくる。

みんなで囲める 野菜のごはん

黒米甘酒と豆乳のシェイク500円。こどもサイズは350円。

モーニング600円。朝9時から11時までオーダー可能。パンとドリンク、もしくはおむすびと汁物、どちらかのセットを用意。

バナナのタルト450円。デザートは萌さんの担当。卵・乳製品不使用で、植物油や豆乳などを使った、マクロビオティック対応のタルト。

店での役割分担

ともみさん
料理、経理、物販仕入れ

萌さん
デザート、ドリンク、広報、
イベント企画

1日のスケジュール

5:00 起床、家事（ともみさん）
7:30 起床、SNSの更新（萌さん）
8:00 入店。掃除、仕込み（ともみさん）
8:30 入店。仕込み（萌さん）
9:00 開店。
14:30 帰宅。仕入れ（ともみさん）
17:00 閉店。片づけ、帰宅（萌さん）

開業までの道のり

2011年12月	自宅駐車場でオープン
2013年	一旦閉店
2014年7月	物件を見つける
2014年8月	物件契約、施工開始
2014年9月	オープン

開業資金

25万円
内訳：水道・ガス工事、シンク・手洗い・
カウンター設置、調理器具・食器購入

店舗レイアウト

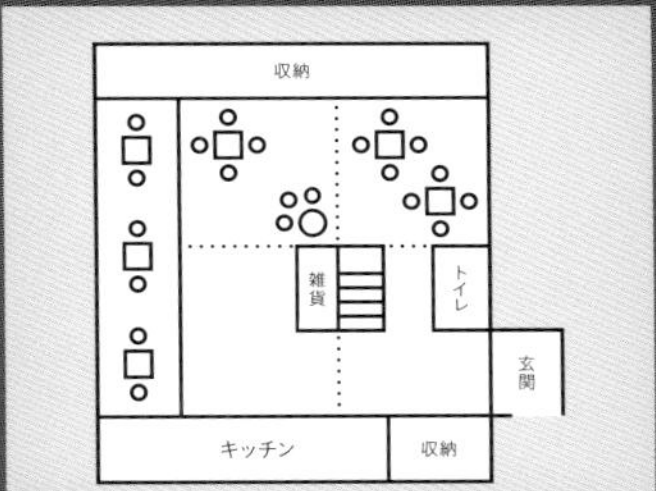

20坪・**21**席
仲間に手伝ってもらいながら、自分たちでリフォームした。

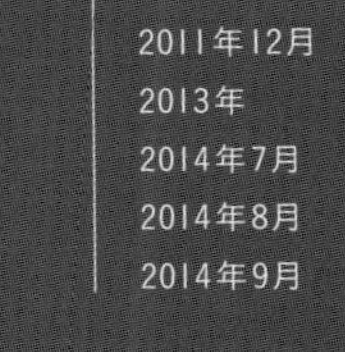

いな暮らし
住所：東京都稲城市押立1744-46
　　　矢野口駅から徒歩8分
電話：080-6598-1963
営業：火・水・金・土曜9:00—17:00
定休日：月・木・日曜
http://inagurashi.com

ROLE-SHARING

仕事の分担はどう決める？

きっちり線引きしている店もあれば、あえてゆるめに設定している店もありますが、どこも役割分担は決めています。各々に責任感がうまれ、相手を信頼して任せることでケンカにもなりにくい、というのが理由です。


家族の場合、帰ってからの生活も一緒。店での仕事は平等なのに、家事がどちらかに偏っている。そんな状況では片方に負担がかかってしまうので、役割分担を決める際は必ず「仕事」と「家事」をセットで考えましょう。

それぞれ自分がやっている家事について書き出してみると、お互いの状況が分かりやすく、話し合うことで効率化にもつながります。


また、実際に店をはじめてみると予想とは違うことがたくさん出てくるので、分担内容は定期的に話し合うのがおすすめです。過度なストレスをためてしまったり、無理をして体調を崩してしまっては、店の営業も成り立ちません。

お互いの得意なこと、好きなことをいかしつつ、相手を思いやりながら仕事も家庭も一緒に楽しんでいけるといいですね。

各カフェの紹介ページでは、オーナーたちの家事を含めた１日のタイムスケジュールを紹介しているので、参考にしてみてください。

カフェを営むうえでの必要な仕事

形態や規模の大小にもよりますが、「カフェを営むうえでの必要な仕事」はとても多く、多岐にわたります。表には見えない仕事や細かい作業など、こだわればこだわるほど増えていきます。

料理、ドリンク、デザートの調理と仕込み

自家焙煎の場合は豆の焙煎、テイクアウト焼き菓子を扱う場合はラッピングとラベリング、プライスカード作成など。

接客

注文受けから配膳、片づけまでの一連の流れから、予約受付や電話やwebでの問い合わせの対応。

仕入れ

食材や備品、消耗品類の発注とそれらの管理。

店内外の掃除

店の中だけでなく、店の周辺も必須。飲食店は清潔感が大切なので、自宅よりもずっと丁寧に細部まで手をかける、というオーナーが多い。植物の世話や、家具の定期的なメンテナンスも必要。

メニュー開発・試作、企画立案

季節にあわせた新メニューの開発やワークショップ、イベントなど、集客やお客の満足度を高めるためにほとんどの店が実施している。

経理

開業資金の調達を含め、日々の売り上げ管理や帳簿付け、仕入先への支払、銀行まわり、資金繰りなど。

レジ

お会計のやりとりのほか、小銭の用意など。

販売

雑貨のほか、テイクアウトの焼き菓子やコーヒー豆を扱う場合、商品管理やラッピング、補充・陳列など。

インテリア

店舗内外装はイメージづくりも含めて設計士やコーディネーターに依頼する店も多いが、完成後の管理はオーナーの仕事。季節のイベントを意識した飾り付けや、店内の模様替えは、お客にとっても新鮮。

宣伝、広報

ホームページやSNSの更新。メディアの取材対応など。

*店の個性・業態によって上記は変化します。

原材料表示ラベルの作成や包装資材の仕入れなど、テイクアウト焼き菓子は意外と手間がかかる。（iijima coffee）

作家ものの器がたくさんのったプレートは、お客にとってワクワクするもの。だけど洗うのは大変！（HUTTE）

店舗向け無料アプリ『Airレジ』を利用。初期費用を抑えることができ、場所もとらない。（noco BAKERY & CAFE）

PROCESS TO OPEN

オープンまでのプロセス

1 コンセプトづくり

どんな特徴の店にするのか考えます。店での各人の役割も決めておくとよいでしょう。また、将来は店をどのような形にして、どんな風に自分たちが暮らすのかといった人生設計も含めて検討してみましょう。この時期に他店で修業をする人も多いです。その場合、ひとりは個人店、もうひとりは大型店というようにタイプの違う店で働くと、それぞれのよいところを取りいれられます。

ご夫婦の場合、子どもを授かった時や両親の介護が必要になった時はどうするのか、話し合っておくとよいでしょう。

2 出店エリアを決め、物件を探す

自宅から無理なく通える場所や、どちらかの地元で探す人が多いようです。小さな子どもがいる場合、保育のことも考えて選びましょう。いずれにせよ、長くいる場所なので、自分たちにとって「居心地が良い」ことが大切です。

3 設計・施工会社の選定

内外装は店の雰囲気を大きく左右します。自分たちのセンスを理解してくれる、信頼できるプロに依頼しましょう。ふたりの間でコンセプトを共有しておかないと、後々ブレたり、揉める原因にもなります。時間も限られているので、どちらかに一任するパターンも多くみられます。

4 開業資金の見積、調達

おおまかに、店舗を借りる資金、店をつくる資金、厨房機器の資金、消耗品・備品類の資金、運転資金が必要です。家族経営の場合、収入源はひとつです。借り入れをする場合は返済可能な範囲にとどめるようにしましょう。

5 メニュー考案

値段以上の価値ある看板メニューがあるといいですね。家族は味覚が似ているので、試作の際は第三者に試食してもらうと、客観的な意見がもらえます。

6 不動産会社との契約

細かい部分まできちんとチェックし、少しでも分からないことがあれば遠慮せずに確認してから契約しましょう。

7 店舗工事

設計業者に見積とプラン案を依頼し、実際に施工に入ります。レイアウトを決めるときは、動線にも注意してください。厨房もふたりがすれ違える広さか、ストレスなく動けるか、設計士に相談してみましょう。
セルフリノベーションをする方も多いですが、業者に頼むより時間がかかり、その間に発生する家賃や資材代を考えると、コストもそれなりにかかります。忙しいオープン前に、予算・体力的にやる価値があるかどうか、よく検討してからの方がよいでしょう。

8 オープン

備品類も揃えたら、いよいよオープン。あんなに楽しみにしていたのに、前日は緊張と不安で眠れなかったりナーバスになったりする人も多いようです。
だけどふたり一緒ならきっと大丈夫、自信をもってお客さまをお迎えしましょう！

カフェ営業に必要な資格

・食品衛生責任者資格
1店舗につき1名必要。開催時期や場所などは各都道府県によって異なります。また、地域によって、栄養士や調理師、製菓衛生師などの資格を保有していれば受講が免除される場合もあります。まずは地域の食品衛生協会に問い合わせてみましょう。

必要な申請

・保健所への営業の申請
地域によって詳細が異なるので、店舗がある地域の管轄保健所へ問い合わせてください。設計図が出来た段階で事前に相談しておくと、図面からシンクの数や手洗い設置の場所などを確認してもらえるので、安心です。施工後に指摘を受けると、改修後に再度検査を受けることになるので、コストと時間が余計にかかってしまいます。
・税務署への申請
開業から1ヵ月以内に、店舗がある地域の管轄税務署へ事業主として開業届を申請します。

046

iijima coffee

- 千葉県千葉市花見川区柏井町1617-7
- 八千代台駅から徒歩19分
- 047-455-3242
- 10:00—18:00
- ㊡水曜
- https://www.iijimacoffee000.com

024

食堂・音楽室 アルマカン

- 東京都武蔵野市吉祥寺南町2-21-8
- 吉祥寺駅から徒歩5分
- 0422-29-9222
- 月・火・金・土曜11:30—21:00 水・日曜11:30—17:00
- ㊡木曜・不定休
- http://arumakan.info

006

HUTTE

- 東京都町田市玉川学園1-4-33-103
- 玉川学園前駅から徒歩7分
- 090-7236-5953
- 火～土曜11:30—22:00 (16:00—18:00は準備中の場合もあり) 日曜11:30－16:00
- ㊡月曜その他臨時休業あり
- http://huttee.exblog.jp

052

イタリアごはんとおやつcurari

- 東京都板橋区赤塚2-9-12
- 下赤塚駅から徒歩5分
- 03-4283-0715
- 水～日曜11:00—21:00 月曜11:00—17:00
- ㊡火曜
- http://r.goope.jp/curari

030

BORTON

- 東京都国立市西2-9-74 富士見ハイツB1F
- 国立駅から徒歩7分
- 非公開
- 11:00—18:00
- ㊡日・月曜・祝日
- http://kashiyaborton.blogspot.jp/

012

4/4 SEASONS COFFEE

- 東京都新宿区新宿2-7-7 寿ビル1階
- 新宿三丁目駅から徒歩5分
- 03-5341-4273
- 月～金曜8:00—20:00 土・日曜・祝日10:00—19:00
- ㊡火曜
- http://allseasonscoffee.jp

058

tama cafe

- 東京都国立市東2-25-8
- 国立駅から徒歩10分
- 042-505-6634
- 月～木曜11:00—18:00 金～日曜・祝日11:00—21:00
- ㊡水曜
- http://tamacafe.info

036

いずん堂

- 東京都小平市小川町1-741-53
- 鷹の台駅から徒歩18分
- 042-315-1106
- 月・水・木・日曜12:00—20:00 金・土曜12:00—21:00
- ㊡火・第3月曜
- http://izundou.com

018

つるばみ舎

- 東京都世田谷区宮坂3-9-4 アルカディア経堂1階東側
- 経堂駅から徒歩2分
- 03-6413-1487
- 平日11:00—20:00 土・日曜・祝日9:00—10:30 (モーニング)、11:00—18:00
- ㊡水曜
- http://tsurubamisha.hatenablog.com/

店舗ページは、「Cafe&Restaurant」2015年11月号〜2017年5月号に掲載された記事を再編集したものです。内容やメニューは取材当時のものになりますので、お店へお出掛けの際はHPなどでご確認ください。

104

cafe spile

東京都杉並区阿佐谷南3-4-22
阿佐ヶ谷駅から徒歩6分
03-6317-7282
火〜土曜11:45—23:00
日曜11:45—20:00
㊡月曜（祝日の場合は翌営業日）
http://cafespile.com

086

istut

東京都杉並区天沼3-30-41
荻窪駅から徒歩4分
03-3398-3534
12:00—17:30
㊡火曜
http://www.facebook.com/cafe.istut

064

café 1g

埼玉県川越市連雀町10-1
本川越駅から徒歩7分
049-226-0032
11:00—18:00
土・日曜・祝日10:00—18:00
（18:00以降は予約制）
㊡不定休
https://www.facebook.com/cafe1g

110

Roof Okurayama

神奈川県横浜市港北区大曽根1-2-2
大倉山駅から徒歩4分
045-716-9063
11:00—18:00
予約で時間延長可能
㊡日・月・木曜
http://www.okurayama-roof.com

092

noco BAKERY & CAFE

東京都青梅市柚木町2-332-2
二俣尾駅から徒歩14分
0428-27-5456
11:00—16:00
㊡火・水曜
http://noco.wpblog.jp

070

ノチハレ珈琲店

神奈川県鶴見区矢向5-11-41
矢向駅から徒歩5分
044-577-1205
9:00—18:00
㊡月・金曜
http://nochihare.com

122

いな暮らし

東京都稲城市押立1744-46
矢野口駅から徒歩8分
080-6598-1963
火・水・金・土曜9:00—17:00
㊡月・木・日曜
http://inagurashi.com

098

nộm cà phê

東京都杉並区西荻北2-1-8
西荻窪駅から徒歩5分
03-5311-5854
11:30—16:00,
18:00—21:30
（水曜は11:30—16:00のみ）
㊡木曜
http://nomcaphe.net

076

MISORA cafe

神奈川県鎌倉市長谷1-2-8
由比ヶ浜駅から徒歩4分
0467-37-6048
11:00—17:00
㊡日曜、第1・3月曜
http://misora-kamakura.com

AT THE END...

実はこの本も、家族でつくっています。
編集・執筆を担当している私と、グラフィックデザイナーである夫の共同作業です。
はじめて一緒に仕事をしたのは、前作「私サイズの小さなカフェ」という本を
出版する時。
出会ってからケンカはほぼなかった我々ですが、この時は言い争いが多発しました。
せっかちな私は夕食時に「あのページいつ仕上がる？」とせかしたり、
「このページはかっこよく」とあいまいな指示を出したり。
一番身近な存在だからこそ、余計なひと言や分かってくれるだろうという甘えが
でてしまったのです。

それがこの本の取材をはじめてオーナーの話を聞く度、目からウロコがとれる思い。
「それぞれがプロとしての意識を持つ」、「お互いを信頼し、尊重する」、
「きちんと言葉で伝える」などなど、胸にささる言葉がたくさん。
振り返れば、あの時モヤモヤした雰囲気になったのは当然の結果だったのです。
少しずつ取材で伺ったコツを自分たちの中に取りいれるうち、
仕事だけでなく、プライベートもよりスムーズに事が進むようになりました。
そして昔からカフェ好きな私たちはとうとう今年、自宅兼店舗を建て、
『cafe《カフェ》 mel《ミイル》』という月１回の予約制カフェをオープン！
まさに家族（夫婦）で開業した訳です。
今はイベント的な開催ですが、数年かけて少しずつ営業日を増やしていきたい、
と思っています。

もともとフィーリングがあうふたりが一緒に仕事をするのは、とても効率的だし
気持ちも楽。ともにつくりあげた経験は、絆を深める要素にもなります。
この本が「家族と起業したい」「カフェを開きたい」と思う方のお役にたてば、
とてもうれしく思います。

最後に取材に快くご協力くださったすべてのカフェオーナーのみなさまに、
心よりお礼を申しあげます。どうもありがとうございました。
本書を読んで気になるカフェがありましたら、ぜひ実際に足を運んでみてください。
きっと誌面以上にすてきな笑顔で迎えてくれるはずですから。

渡部和泉

渡部和泉 著　個人カフェの本

自分らしいカフェをつくった
15人のストーリー

わかなぱんカフェやitonowa、ねじまき雲、CAFE SOMMEILLERなど、息の長い人気カフェオーナーがお店を開くまでの道のりを取材。楽しいだけじゃない、苦しさも抱えてのカフェ経営を、リアルに紹介しています。

『個人ではじめる、小さなカフェ』
1,500円（本体）　A5判・144ページ
ISBN 9784751108314

カフェオーナーから学ぶ
インテリア造り

初心者でも出来るDIYや、身近なものをカフェ雑貨にリメイクする方法、ちょこっとリノベーション、見せる収納&隠すテクニックなど、店舗造りと部屋造りのアイデアが詰まった1冊です。

『心地よいカフェのインテリア』
1,800円（本体）　A4変形判・136ページ
ISBN 9784751109120

開業費用内訳などが分かる
カフェ開業の参考書

いつかカフェを開きたいと思っている人。夢に向かってがんばっている人。自分らしく生きたいと思っている人。15話の開業物語の中に、一歩を踏み出すヒントがつまっています。

『小さなカフェの開業物語』
1,500円（本体）　B5変形判・136ページ
ISBN 9784751110317

すべて10坪未満。
小さくて強い店の造り方

無理せずはじめて、長く続ける。10坪未満の小さな個人店の開業実例と、スペースを効率的に使うアイデアをご紹介。オープンまでの基礎知識と人気カフェに教わるドリンクレシピ付き。

『私サイズの小さなカフェ』
1,500円（本体）　A5判・136ページ
ISBN 9784751111659

本書をふくめ、取材に快くご協力くださったオーナーのみなさま、
すてきなカフェ情報をお寄せくださったみなさまに心から感謝いたします。

渡部和泉《わたなべ・いずみ》

カフェライター、菓子・料理家、国際中医薬膳師
個人経営のカフェが大好きで、自身も都内で週末カフェを営んでいた経験をもつ。現在東京郊外で、月1回オープンする予約制カフェ『cafe mel』を夫とともに営む。

cafe mel カフェ ミイル
季節や身体の巡りを考えた薬膳プレートをメインに、自家製デザートや月替わりのハンドドリップコーヒーなどを揃える、小さなカフェ。
www.facebook.com/welcome.cafemel
www.instagram.com/cafe.mel

撮影
・花田真知子（4/4 SEASONS COFFEE、ホットケーキつるばみ舎、食堂・音楽室 アルマカン、BORTON、いずん堂、iijima coffee、イタリアごはんとおやつ curari、tama cafe、café 1g、istut、noco BAKERY & CAFE、nôm cà phê、cafe spile）
・田村裕未（HUTTE、ノチハレ珈琲店、MISORA cafe、いな暮らし、Roof Okurayama）

カバー／表紙イラスト
納富奈津子

デザイン
磯田真市朗

家族ではじめる、小さなカフェ
夫婦・親子で開業した18のカフェ

2017年9月1日　初版発行

著　　者　渡部和泉（わたなべ・いずみ）
発 行 者　早嶋 茂
制 作 者　永瀬正人
発 行 所　株式会社 旭屋出版
〒107-0052 東京都港区赤坂1-7-19 キャピタル赤坂ビル8階
TEL:03-3560-9065（販売部）
TEL:03-3560-9066（編集部）
FAX:03-3560-9071
http://www.asahiya-jp.com
郵便振替:00150-1-19572

印刷・製本　株式会社シナノパブリッシングプレス

ISBN978-4-7511-1299-1 C2077